DAS BESTE CAMPING KOCHBUCH

W0233711

DAS BESTE
CAMPING
KOCHBUCH

KREATIV & LECKER
VON GASKOCHER BIS GLAMPING

vivo
buch

IMPRESSUM

Alle Rechte vorbehalten. Kein Teil dieses Werkes darf ohne schriftliche Einwilligung des Verlages in irgendeiner Form (Druck, Fotokopie, Mikrofilm oder in einem anderen Verfahren) reproduziert oder unter Verwendung elektronischer Systeme verarbeitet, vervielfältigt oder verbreitet werden.

Alle Informationen in diesem Buch wurden mit größter Sorgfalt erarbeitet und geprüft. Weder Herausgeber, Producer, Autor noch Verlag können jedoch für Schäden haftbar gemacht werden, die in Zusammenhang mit der Verwendung dieses Buches stehen.

© Copyright 2021 vivo buch UG (haftungsbeschränkt)
Benzstraße 56, 71272 Renningen
www.vivo-buch.de
ISBN 978-3-96894-013-7

Konzeption, Layout und Produktion:
Budde Medien, Dortmund, www.budde-medien.de

VORWORT

Liebe Leserin, lieber Leser,

wenn Sie im Freien mit Rucksack und Zelt oder mit dem Wohnmobil unterwegs sind, müssen Sie auf abwechslungsreiche und gesunde Kost nicht verzichten.

Im ersten Teil dieses Ratgebers geben wir Ihnen Hintergründe und praktische Tipps und Tricks, die Ihnen das Outdoor-Kochen erleichtern: von passenden Kochgeräten über das richtige Zubehör, die geeigneten Lebensmittel bis zur Reinhaltung der Umwelt und der Müllvermeidung vor Ort.

Im zweiten Teil präsentieren wir Ihnen eine Auswahl schmackhafter Rezepte für Campingkocher, Grill, Herd und Backofen bis zum gehobenen Mahl beim Glamping. Bei guter Grundausstattung, etwas Erfahrung und Kreativität sind Ihren Kochkünsten im Freien fast keine Grenzen gesetzt.

Das Camping-Kochbuch hilft bei der Vorbereitung Ihrer Tour und liefert Ihnen zahlreiche Ideen, wie Sie mit wenig Aufwand köstliche Gerichte zubereiten können.

Wir wünschen Ihnen viel Spaß beim Outdoor-Kochen und eine erholsame Zeit.

Die Redaktion

INHALT

Mit dem Familienmobil unterwegs

I. CAMPING UND KOCHEN

1 EINLEITUNG

Die Geschmäcker sind verschieden, das gilt auch für das Camping. Trotzdem gilt es einige Dinge zu beachten und zu überlegen, welche Form des Kochens im Freien nach Ihren Ansprüchen und Vorlieben am besten geeignet ist. Im Folgenden geben wir Ihnen Hintergründe und Tipps, die Sie beim Outdoor-Kochen beachten sollten.

Unter besonderen Bedingungen

Ob sie ein paar Tage auf dem Campingplatz verbringen oder eine längere Rundreise, z. B. ins Ausland, unternehmen – die richtige Verpflegung und die Nutzung der teils einschränkten Möglichkeiten im Freien sollten Sie bei der Planung und Vorbereitung Ihrer Reise genau beachten. Vielleicht gehören Sie auch zu denen, die im Urlaub weder auf monotone Dosennahrung zurückgreifen noch ständig in teuren Restaurants speisen möchten, was den Geldbeutel stark belastet. Wir gehen davon aus, liebe Leserinnen und Leser, dass Sie zu denjenigen gehören, die im Campingurlaub am liebsten selbst das Essen zubereiten. Dafür gibt es verschiedene Kochgeräte, je nach Ausrüstung und Ansprüchen, mehr dazu in Kapitel 2.

Vor Antritt Ihrer Reise sollten Sie überlegen, welche Kochoption für Sie infrage kommt und welche Geräte und Lebensmittel ge-

Einige Zutaten für einfache Gerichte im Freien

eignet sind. Danach unterscheiden sich nämlich Aufwand und Umfang des Kochens im Freien oder im mobilen Heim erheblich. Draußen in der Natur schmecken auch einfache Gerichte gut, deshalb muss es nicht immer die Haute Cuisine sein. Andererseits müssen Sie auch nicht leben wie ein Eremit, denn viele Lebensmittel des Alltags sind beim Campen verwendbar und mit ein bisschen Fantasie und Geschick ist die Küche im Freien fast so variabel wie zu Hause.

Weniger Platz als zu Hause

Wer seinen Urlaub am liebsten auf einem Campingplatz oder sonst im Freien ver-

bringen möchte, sollte beachten, dass die Möglichkeiten in der mobilen Küche schon aus Platzgründen eingeschränkt sind. Ob Grill oder Gaskocher draußen beim Zelten oder im Wohnmobil drinnen auf dem Herd, Kochen hat seine Grenzen. Selbst beim Glamping ist nicht alles möglich, denn auch die Outdoor-Wohnküche bietet nicht alles, was in den eigenen vier Wänden zur Verfügung steht.

Nicht selten steht beim Camping nur eine Flamme bereit, auf der Sie Ihr Essen zubereiten können, was die Auswahl der Speisen einschränkt. Bei warmem Wetter darf es sicher auch mal die kalte Küche sein. Besonders an kühleren Abenden schme-

Links: Zelten und Natur erleben mit wenig Gepäck; unten: Kochmöglichkeit im Wohnmobil

Einfaches Pfannengericht mit Gemüse

cken deftige, wärmende Eintopfgerichte gut, deren frische Zutaten Sie auf einem Schneidebrett vorbereiten und nach und nach in nur einen Topf geben können. Getrocknete Kräuter, Pfeffer, Gemüse- oder Hühnerbrühe sowie Salz geben Ihrem Eintopf den letzten Pfiff. Vor allem beim Zelten sparen Sie Platz im Rucksack, wenn Sie schon zu Hause eine Gewürzmischung zusammenstellen.

Wenn Sie mit dem Wohnmobil unterwegs sind, müssen Sie natürlich nicht so stark auf das Gewicht der Lebensmittel und Geräte achten. Bei zwei Kochplatten können Sie zu Nudeln oder Reis zeitgleich die passende Sauce kredenzen. Der sog. Dutch Oven zum Kochen, ein dreibeiniger Topf aus Gusseisen, in dem Sie über offenem Feuer kochen können, ist eher nichts für Wandertouren, sondern bietet sich aufgrund seines Gewichts vor allem dann an, wenn Sie mit dem Auto oder Wohnmobil unterwegs sind.

Platz und Gewicht sparen Sie, wenn Sie Produkte wählen, die teilbar oder stapelbar sind. Außerdem sollten Sie auf lange Haltbarkeit achten, da unter Umständen für längere Zeit kein Ersatz beschafft werden kann. Wer eine Trekkingtour in der ursprünglichen Natur plant, sollte spezielle Nahrung einpacken, die mit heißem Wasser aufgegossen werden kann.

Variation in der Küche

Im Urlaub möchten die meisten möglichst wenige Einkaufsaktionen starten. Dabei hilft z. B. ein mehrtägiger Kochplan, sodass frisches Fleisch vom Grill oder Tiefkühlkost wie Gemüse oder Fischstäbchen abwechselnd verwendet werden können. So schaffen Sie vielleicht nur zwei Einkäufe pro Woche, ohne auf Dosen und Fertigprodukte zurückgreifen zu müssen.

Haltbares Gemüse wie Kartoffeln, Karotten, Broccoli, Rettich, Kohlrüben, Sellerie oder Rote Rüben, knackiges Obst (z. B. Äpfel) und nahrhafte Cerealien wie Haferflocken und Müsli tragen ebenfalls zu einer abwechslungsreichen Campingkost bei. Zu den Basics gehören Nudeln, Getreideprodukte, Brot, Kaffee bzw. Tee und Mineralwasser, Gemüsebrühe, Öl (möglichst pflanzlich), Essig, Gewürze und Zucker. Wer in fremden Ländern unterwegs ist, sollte die Gelegenheit nutzen, um auf Märkten oder im Supermarkt Spezialitäten der Region einzukaufenn und sie für einfache Gerichte zu verwenden.

Vitaminbedarf auch beim Camping decken

Damit die malerische Natur erhalten bleibt,
ist Sauberkeit erste Camperpflicht.

Schutz von Umwelt und Natur

Selbstverständlich achten Sie bei allen Verpackungen und Nahrungsresten, dass nichts in der Natur, sondern in den dafür vorgesehenen Behältnissen landet. Falls gerade keine Entsorgungsmöglichkeit vor Ort gegeben ist, nehmen Sie die Reste mit und werfen sie an anderer geeigneter Stelle in die passenden Behälter. Wer Lebensmittel wie z. B. Obst oder Fleischreste einfach liegen lässt, verschmutzt nicht nur die Natur, sondern muss sich nicht wundern, wenn nachts oder am nächsten Tag ungeliebte tierische Gäste in der Umgebung herumstreichen.

Schmutzwasser sollten Sie an gekennzeichneten Stellen entsorgen. Beim Campen in der Natur sollten Sie darauf achten, biologisch abbaubare Seifen und Reinigungsprodukte zu verwenden. Um Ressourcen zu schonen und Plastikabfälle und den Verbrauch von Einweggütern zu minimieren, sollten Sie im Urlaub Stofftaschen oder einen Korb zum Einkaufen mitnehmen. Sinnvoll sind auch Wasserflaschen und Mehrwegbecher für Heißgetränke, Stoffservietten oder Geschirrtücher statt Küchenrolle.

Wer umweltbewusst reisen möchte, kann zertifizierte Eco-Campingplätze ansteuern, von denen es in Deutschland immer mehr gibt; in Europa sind es inzwischen schon mehr als 200. Infos finden sich u. a. auf camping.info und caravaning.de

Rast in der tollen Fjordlandschaft Norwegens

2 DAS PASSENDE KOCHGERÄT

Welchen Kocher Sie verwenden, hängt von den verfügbaren Brennstoffen sowie dem Reiseziel und der Reisedauer ab. Vor allem bei Camping-Fernreisen sollten Sie sich vorher erkundigen, welche Brennstoffe vor Ort vorhanden sind.

Größe und Gewicht des Campingkochers spielen beim Transport im Auto kaum eine Rolle. Dagegen ist bei Fahrradreisen oder beim Wandern ein leichter Kocher im Gepäck, mit dem sich Konserven oder Wasser erhitzen lassen, ein enormer Vorteil. Auch die Auswahl der Speisen spielt bei

Kochausrüstung für eine Trekkingtour

der Entscheidung für einen Campingkocher eine wichtige Rolle. Aufwändigere Gerichte lassen sich besser mit einem zweiflammigen Kocher zubereiten. Die Größe des Kochgeschirrs muss zum Durchmesser des Flammrings passen. Bei zu kleiner Flamme wird das Essen ungleichmäßig erhitzt und die Kochzeit verlängert, wozu mehr Brennstoff und damit ein höherer Energieverbrauch nötig ist.

Der Campingkocher

Der Campingkocher braucht wenig Platz, ist leicht zu transportieren und zu nutzen und für verschiedene Zubereitungsarten

geeignet. Die Modellvielfalt reicht vom Taschenkocher mit kleinem Flammkreis über Modelle mit zwei Flammkreisen bis zur Nutzung verschiedener Brennstoffe.

Für den Gaskocher mit Schraub- oder Bajonettverschluss ist nur eine entsprechende Kartusche erforderlich. Notfalls sollten Sie einen Adapter verwenden. Beim Gaskocher lässt sich wie beim heimischen Gasherd die Hitzeentwicklung gut und schnell steuern.

Die sog. Multifuelgeräte lassen sich mit Gas oder flüssigen Brennstoffen betreiben. Die Flamme lässt sich gut beeinflussen, im Gebirge in großen Höhen brennt Flüssigbrennstoff besser als Benzin oder Petroleum. Ein bisschen Übung ist allerdings bei der Bedienung erforderlich.

Gleiches gilt für den Spirituskocher, dessen Flamme vor dem Ende des Kochvorgangs gelöscht werden kann. Während des Kochens kann der Brennstoff nicht nachgefüllt werden. Achten Sie unbedingt darauf, dass der Spirituskocher nicht in Kinderhand gelangt, bei Stichflammen besteht hohe Verbrennungsgefahr. Vorsicht ist auch bei allen brennbaren Materialien in der Umgebung angebracht.

Für den Holzkocher sind nur wenige, möglichst trockene Zweige erforderlich. Die Flamme ist kaum kontrollierbar und bei Regen oder starkem Wind geht sie aus. Wetterabhängig ist auch der Gebrauch des umweltfreundlichen, geräusch- und geruchlosen Solarkochers, der bei Bewölkung oder Regennässe kaum nutzbar ist.

Die Zutaten müssen meist klein geschnitten werden, damit sie gar werden.

Die leichten, handlichen Campingkocher mit nur einem Flammring können Sie platzsparend im Gepäck verstauen. Deshalb ist er für ein kurzzeitiges Campen mit Zelt gut geeignet. Auch die meisten Brennstoffe lassen sich leicht transportieren und die Kocher unterwegs neu befüllen, vor allem mit Benzin. Spiritus und Gas sind dagegen nicht in allen Ländern erhältlich. Garen mit Sonnenenergie und Holz ist umweltfreundlich, aber eben wetterabhängig.

Der Campinggrill

Von den vielen Grillarten, die auch beim Camping möglich sind, ist der Holzkohlegrill wohl am bekanntesten. Die Gluthitze sorgt für langsames, gleichmäßiges Garen und einen aromatischen Geschmack, deshalb braucht es eine Weile Vorbereitung. Allerdings müssen Sie dafür schwere Holzkohle mitnehmen und die Asche entsorgen. Außerdem ist der Holzkohlegriff vor allem in den trockenen Regionen des Südens auf vielen Plätzen wegen der offenen Flamme verboten. Ein über einen Gasanschluss oder eine tragbare Gasflasche betriebener Grill ist dagegen schneller einsatzbereit und entwickelt kaum Rauch, der z. B. Nachbarn auf dem Campingplatz stören kann. Am einfachsten ist der Elektrogrill, vor allem bei schlechtem Wetter, denn er muss ja nur an eine Stromquelle z. B. am Wohnmobil oder auf dem Campingplatz angeschlossen wer-

Grillen mit Freunden – der einfache Freizeitspaß

den. Allerdings ist er nicht für jeden Campingplatz geeignet, weil Strom mit hoher Absicherung fehlt.

Die unterschiedlichen Größen der Grills ermöglichen es, für sich allein, für zwei oder sogar für eine kleine Gruppe zu garen. Je nach Grillfläche lassen sich Würstchen, Fleisch und Fisch sowie in Pfannen, Wok-Einsätzen, Pizzasteinen und Wendegrillplatten auch Pfannengerichte, Eintöpfe oder Backwaren zubereiten. Die meisten Grillmodelle lassen sich einfach transportieren und zusammenklappen. Besonders zünftig beim Kochen im Freien ist der Kettengrill, der aber deutlich schwerer ist als

die handlichen Modelle und nur in Fahrzeugen verstaut werden kann.

Um im Campingurlaub beim Kochen keine bösen Überraschungen oder Ärger zu bekommen, sollte der Grill schnell und einfach zu montieren sein, d. h., mit festen, von Hand bedienbaren Schrauben statt mit leicht lösbaren Steckverbindungen. Achten Sie auf Standfestigkeit und ebenem Grund, damit der Grill leichte Erschütterungen aushält. In Sachen Gewicht, das beim Camping immer eine Rolle spielt, ist ein Grill aus Aluminium einem Exemplar aus schwerem Gusseisen deutlich überlegen. Auch beim Zubehör (Pfannen etc.) sollten Sie auf das Gesamtgewicht Ihrer Ausrüstung achten.

Mobiler Gasherd für das Outdoor-Kochen

Tragbare Kochstellen

Ein mobiler Herd mit ein oder zwei Platten ist leicht zu transportieren und benötigt nur einen Stromanschluss und Kochzubehör. Wie Campingkocher und Grill ist er vor allem beim Zelten empfehlenswert. Geringes Gewicht und örtliche Flexibilität gehören zu seinen Stärken. Auf der größeren Kochfläche können auch anspruchsvollere warme Mahlzeiten zubereitet werden.

Der integrierte Herd

Beim Wohnwagen oder Wohnmobil ist eine Kochmöglichkeit meist automatisch

Modern ausgestattete Kochstelle im Wohnmobil

mit an Bord. Während früher klassische Elektro- oder Gasherde mit Propangas verwendet wurden, sind moderne Fahrzeuge heute oft mit Induktionsherden ausgestattet, die mit einem Akku oder mit Strom betrieben werden. Das Aufbauen externer Kochstellen entfällt und Sie müssen vor der Fahrt weder Platz noch zusätzliches Gewicht einplanen.

Der eingebaute Gasherd ist günstig im Unterhalt und ermöglicht schnelles Erhitzen der Speisen. Nicht ganz unbedenk-

lich sind jedoch die Rußbildung und die offene Flamme. Achten Sie unbedingt auf Brandschutz und einen funktionstüchtigen, regelmäßig überprüften Feuerlöscher. Außerdem sollten Sie den Herd in festen Abständen warten lassen. Ein Elektroherd lässt sich im Vergleich zu einem herkömmlichen Gasherd leichter bedienen und reinigen. Bei den modernen Induktionsherden werden Töpfe und Pfannen schnell heiß, die Platte selbst aber nicht.

In Zeiten hoher Energiekosten und wachsenden Umweltbewusstseins spielt bei der Wahl des Campingherds der Energieverbrauch eine wichtige Rolle. Beim Gasherd hängt er stark davon ab, wie viele Personen mitreisen, wie lange die Tour dauert, wie viele Kochplätze zur Verfügung stehen und wie lange Sie ihre Speisen garen bzw. welche Lebensmittel Sie verwenden. Ein Elektro- oder Induktionsherd verbraucht auch im Standby-Modus Strom.

Auf einem Elektroherd sind fast alle Arten von Töpfen und Pfannen verwendbar. Induktionsherde entfalten mit speziellen Töpfen am besten ihre hohe Kochqualität. Nichtmetallische Töpfe und Pfannen sind für den Induktionsherd ungeeignet, höchstens mit Metall versetztes Kochgeschirr. Für den Gasherd benötigen Sie wegen der offenen Flamme wärmeleitende, große Hitze ertragende Töpfe und Pfannen aus Edelstahl, Kupfer oder mit einer speziellen Beschichtung.

Das integrierte Kochvergnügen im Wohnmobil

Kochen beim Glamping

Anspruchsvolle Urlauber schätzen immer mehr die Verbindung von hohem Komfort und traditionellem Campingflair. Sie genießen den Luxus und Service eines Hotelurlaubs und die Nähe zur Natur. Töpfe, Tassen, Gläser, Teller und Besteck stehen meist ebenso zur Verfügung wie moderne Küchengeräte. Auch Kochherde bieten beim luxuriösen Glamping einige Extras wie z. B. eine Kombination aus Grill, Kochfeld und Backofen, die sämtliche Zubereitungsarten von Mahlzeiten fast wie zu Hause ermöglicht.

Trotzdem sollten Sie auch beim eleganten Glamping einige wenige praktische Utensilien berücksichtigen. Dazu gehören ein Spül- und ein Küchenhandtuch, Spülmittel oder ein paar Tabs für die Spülmaschine, Scheuerschwamm, zusätzliche Müllbeutel und ein scharfes Schälmesser.

Mit einer fast voll ausgestatteten Küche und einem Grill ergeben sich beim Essen ganz neue Möglichkeiten. Sie kombinieren die bequemen und vielseitigen Geräte der heimischen Küche mit der unverwechselbaren Atmosphäre des Grillens. Dabei lassen sich exklusive Rezepte realisieren. Bei edlen Gerichten mit oder ohne Fisch und Fleisch sowie mit frischem Gemüse, heimischen und exotischen Kräutern und Gewürzen läuft fast jedem das Wasser im Mund zusammen.

Gehobene Ausstattung zum vielseitigen Kochen

3 DAS KOCHZUBEHÖR

Welche Campingausrüstung zum Kochen, Essen und Trinken Sie brauchen, hängt davon ab, ob Sie zu Fuß mit dem Rucksack, mit dem Fahrrad oder mit dem Auto oder einem Wohnmobil unterwegs sind. Wenn Sie wenig Platz haben, sollten Sie sich auf einfache Grundlagen beschränken. Mehr Platz bedeutet mehr Komfort und Variationsmöglichkeiten beim Campingkochen.

Als Selbstversorger brauchen Sie auf jeden Fall einen Campingkocher, um einfache Reis- und Nudelgerichte zu kochen oder das Wasser für Kaffee oder Tee zu erhitzen. Bei Gaskochern lassen sich manche Kartuschen platzsparend zusammenklappen und sogar im Rucksack verstauen. Größere Gaskocher mit ein oder zwei Herdstellen und Temperaturreglern stehen stabiler auf Tisch oder Boden und ermöglichen die Zubereitung verschiedener Gerichte.

Geschirr und Besteck

Selbst in der einfachen Campingküche, in der Sie nur schnell Ihren Hunger stillen wollen, ist eine Grundausstattung mit Topf, Teller, Tassen, Gläsern und Besteck

Campinggeschirr aus Kunstharz (Melamin)

Oben: Geschirr und Besteck, platzsparend verstaut im Rucksack; unten: Grundausstattung im Wohnmobil

Zusammenklappbares Campingbesteck

unentbehrlich. Ein leichtes, robustes und besonders hitzebeständiges Material ist Edelstahl. Viele Camper stellen ihr Sortiment individuell zusammen und verwenden Teller und Schüsseln aus leichtem Melaminharz, Tassen aus Porzellan und Trinkgefäße aus Glas. Melaminmaterialien sollten jedoch keinen Temperaturen von mehr als 70 °C ausgesetzt werden, da sonst Formaldehyd freigesetzt werden kann. Das Bundesinstitut für Risikobewertung warnt vor einer Benutzung von Melamingeschirr in der Mikrowelle oder zum Kochen und Braten. Kochlöffel und Pfannenwender aus Melamin sollten Sie nur kurz zum Umrühren nutzen. Vorsicht ist auch bei Bambusgeschirr angebracht. Die Gefäße enthalten häufig einen hohen Kunststoffanteil, meist Melamin.

Praktische Kochsets bieten auf dem zur Verfügung stehenden engen Platz das wichtigste Zubehör für Holz-, Gas-, und Induktionskochstellen. Produkte mit Antihaftbeschichtung und aus rostfreiem Stahl sind robust und langlebig. Je nach Bedarf kommen Müslischüssel und Frühstücks- bzw. Schneidebrettchen hinzu.

Messer, Gabeln, Ess- und Teelöffel sind ebenso unentbehrlich. Eine Alternative zu Löffel und Gabel für Rucksack- und Zeltcamper mit wenig Platz ist der Spork, benannt nach den englischen Begriffen spoon (Löffel) und fork (Gabel). Das im Deutschen auch als Göffel bekannte Besteck hat am vorderen Ende oft kurze Gabelzinken und eignet sich besonders gut für Eintöpfe mit Einlage. Beim Klappgöffel wird der Göffelkopf auf den Stiel gelegt und bei Bedarf wieder ausgeklappt. Die Dreifachkombination aus kleiner Schneidkante an einem Zinken, Gabel und Löffel, der englisch sporf genannt wird, ist hierzulande u. a. als Schneidgöffel bekannt.

Pfannen, Töpfe und mehr

Pfanne, Kochtopf, Kochlöffel, ein scharfes Küchenmesser und ein Schneidebrett gehören zur Camping-Grundausstattung, ferner ein Messbecher, ein Sieb und eine Schüssel oder eine leichte Salatschleuder, bei der Sie Sieb und Schüssel getrennt benutzen können. Schere und Dosen- oder Multiöffner sind vielfältig einsetzbar und sollten bei der Grundausrüstung ebenfalls nicht fehlen. Wenn Sie in trockene Regionen reisen, empfiehlt sich ein stets gefüllter Kanister mit frischem Wasser. Ein kleiner Topf zum Wasserkochen, ein großer Topf für Nudeln etc. sowie eine Pfanne für Fleisch, Fisch und Gemüse genügen. Mit einem Pfannenwender lassen sich z. B. das Rührei zum Frühstück, Pfannkuchen oder Omeletts zubereiten. Strombetriebene Multifunktionsgeräte mit Thermostatregler ermöglichen die Zubereitung unterschiedlicher Speisen in einer Pfanne.

Leichte, beschichtete Campingpfannen

Scharfes Campingmesser mit Kunststoffgriff

Ein Alleskönner mit Messern, Schere und Öffner

Zum Kochen im Freien gehört neben dem Gaskocher und dem passenden Brennstoff auch ein leichter, aber dennoch robuster Windschutz, am besten mit abgedunkelten Sichtfenstern, damit die Utensilien nicht umkippen oder davonfliegen. Selbst die kleinen, praktischen Taschenkocher für den Kaffee oder Tee zwischendurch sind mit Windschutz erhältlich. Teekanne, Kaffeefilter sowie Thermoskanne oder -becher sollten Sie ebenfalls einpacken. Ausgesprochen nützlich sind auch Frischhaltedosen und Folie, Backpapier, Plastikbeutel, Gummiringe, Küchenkrepp oder Stofftücher. Mit einem Tassenhalter aus Schaumstoff können Sie mehrere Gefäße auf einmal tragen und Sie auf dem Tisch vor dem Umstürzen schützen.

Wo kein Kühlschrank vorhanden ist, ist eine Kühlbox die ideale Alternative, zumal in der Reisezeit bei meist warmen Temperaturen. In Kühltaschen und Kühlboxen können Sie leicht verderbliche Ware wie Grillgut verstauen und Getränke kalt halten. Auch ohne Akku halten Sie die Lebensmittel bis zu zwölf Stunden frisch. Mit mehreren Akkus können Sie die Kühlzeit deutlich verlängern. Wenn Sie wandern wollen und Lebensmittel im Rucksack transportieren müssen, können Sie keine frischen Produkte verwenden. Als Alternative bieten sich unverderbliche Lebensmittel oder spezielle Outdoor-Nahrung an, die nur mit Wasser aufgekocht werden muss.

Utensilien für den Grill

Die Basis bilden der Grill selbst sowie Rost und Grillkohle oder anderer Brennstoff, Zange aus Metall oder Holz, Feuerzeug oder Streichhölzer sowie hitzebeständige Schutzhandschuhe. Bei einem Zwei-Flammen-Kocher ist eine teflonbeschichtete Aluminiumplatte oder eine Grill- und Ofenschale aus Emaille praktisch. Sie ist zwar etwas schwerer als herkömmliche Einweg-Aluschalen, dafür aber umweltfreundlicher. Außerdem ist sie hitzebeständig, schnitt- und kratzfest und lässt

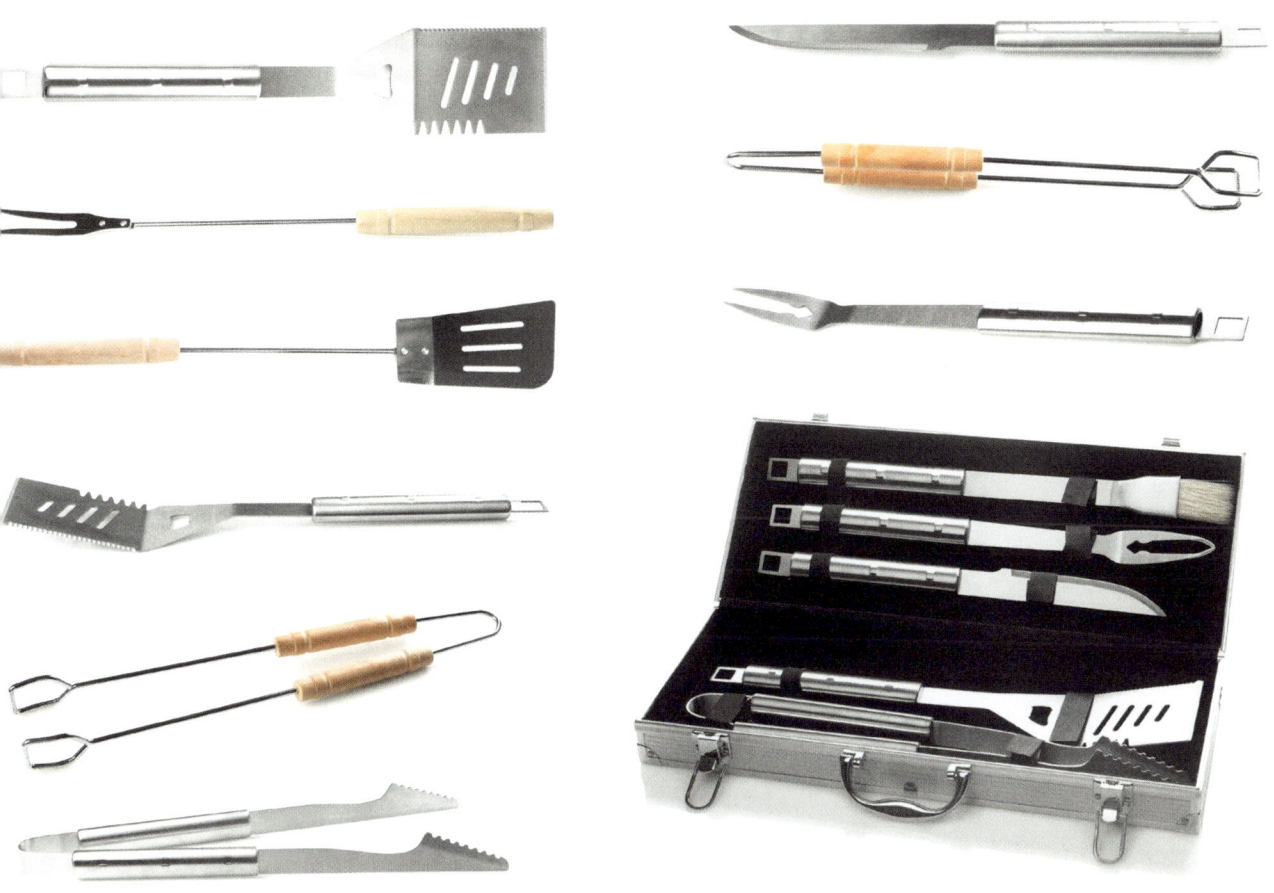

Grundausstattung für das Grillen, leicht und platzsparend zu transportieren in der verschließbaren Box

sich dank der Emaillierung ohne Schrubben leicht reinigen. Grill und Kocher lassen sich in einer praktischen Packtasche aus leichtem Kunststoff sicher verstauen.

Wer das urtümliche Grillerlebnis schätzt, bereitet sein Essen am liebsten auf dem offenen Feuer zu. Dafür ist der Dutch Oven ideal, denn das pflegeleichte und robuste Gusseisen eignet sich besonders gut für das Kochen auf dem Lagerfeuer. Ein-

wanderer aus Deutschland und den Niederlanden benutzten ihn schon im 18. Jahrhundert in der nordamerikanischen Prärie. Die modernen Geräte haben einen dicht schließenden, nach innen gewölbten Deckel mit Rand. Achtung: Heben Sie den Deckel nur mit hitzebeständigen Handschuhen oder einem speziellen Deckelheber an.

Sauberkeit und Reinigung

Nicht nur Zelt oder Wohnmobil halten Sie sauber, sondern auch die Natur. Dafür sind für Töpfe, Pfannen und Besteck neben Spülmittel, Schüssel, Schwamm und Tüchern auch Müllbeutel erforderlich.

Auch Ihren Gaskocher sollten Sie regelmäßig reinigen, um z. B. verharztes Fett zu vermeiden. Dafür brauchen Sie nur Wasser und/oder Seifenlauge. Eingebrannten oder hartnäckigen Schmutz entfernen Sie mit dem Spülschwamm. Bei zusätzlichen Brat- und Grillflächen empfiehlt sich der Einsatz sanfter Reinigungsmittel, um die Beschichtungen zu schonen. Am besten bringen Sie kurz vor dem Urlaub Ihr Campingkochzubehör auf Vordermann und probieren es zu Hause schon mal aus.

Reinigung des Campinggeschirrs

Im Innenraum Ihres Wohnmobils sollten Sie vor der Reise Schränke auswaschen und unangenehme Gerüche durch gründliches Wischen beseitigen. Auch die Bettmatratzen können hin und wieder eine Reinigung vertragen. Das Wohnmobil außen zu waschen und zu polieren sorgt später auf dem Campingplatz für einen besseren Eindruck. Die Acrylglasscheiben halten Sie am besten mit Spezialreinigern ohne Alkohol sauber, damit sie nicht springen.

Campingplätze haben klare Regeln zur Hygiene. Jeder räumt auf und macht sauber. Deshalb gehören zum Gepäck einzeln verpackte Hygienetücher oder ein Hygienespray, um die von Ihnen benutzten sanitären Anlagen sauber zu halten. An ihrem Platz räumen Sie zeitnah alle Essensreste weg, um Ungeziefer und andere ungebetene Tiere fernzuhalten.

Oben: Kleine Wäsche zwischendurch; unten: Abfallentsorgung nur an den gekennzeichneten Stellen

4 TIPPS UND TRICKS

Die Campingküche muss leicht und ergiebig sein und möglichst verschiedene Bedürfnisse erfüllen. Von der Vorbereitung über das Zubereiten und Kochen bis zu den Geräten und Zutaten gibt es viele Kniffe, die Ihnen das Campen erleichtern und den Genussfaktor im Freien erhöhen.

Die Campingküche planen

Überlegen Sie vor dem Start in den Campingurlaub, wie viel Gewicht Sie mitnehmen können, und erstellen Sie am besten eine Packliste. Wenn Sie mit anderen unterwegs sind und gemeinsam kochen wollen, ist ein Speiseplan sinnvoll, der alle Bedürfnisse berücksichtigt, damit es nach der Ankunft keinen Stress gibt. Denken Sie daran, was in den Regionen wächst, in die Sie reisen möchten, und was Sie vor Ort besorgen können. Planen Sie ein, dass Kochen über dem Lagerfeuer nicht überall erlaubt ist. Ein großer Topf, der jedem Wetter standhält, sollte im Gepäck nicht fehlen.

Zettel für die Packliste zur besseren Reiseplanung

Einfache Schüsseln und Thermoskannen

Zu den Lebensmitteln, die auch eine längere Anreise überstehen, ergiebig sind und das Gepäck nicht zu stark beschweren, gehören u. a. Nudeln mit Zutaten für Saucen (passierte Tomaten, Zwiebeln etc.), Reis mit Saucenzutaten, Tomaten, Wurzeln und Gurken, Cracker oder Knäckebrot, Aufstriche, die nicht gekühlt werden müssen, Wasser, Gewürze und Öl.

Nur das Nötigste mitnehmen

Statt der De-Luxe-Pfanne mit Antihaftbeschichtung brauchen Sie eher eine Gusseisenpfanne mit hohem Rand, weil Sie verschiedene Zutaten zusammen garen müssen. Sortieren Sie die Zutaten zu Hause und nehmen Sie nur die nötigsten mit, um Platz und Gewicht zu sparen, vor allem, wenn Sie mit Zelt und Rucksack unterwegs sind. Selbst im Wohnmobil ist nicht unbegrenzt Platz, sodass eine wohl überlegte Auswahl Ihnen das Camping erleichtert und Sie dennoch ausreichend mit gesunden, vitaminreichen und bekömmlichen Lebensmitteln versorgt werden.

Frisches in der Kühlbox lagern

In eine Kühlbox passen viele Lebensmittel und Kochzutaten, die gekühlt werden müssen, sodass Sie auch beim Camping kaum auf kulinarische Gaumenfreuden verzichten müssen. Wenn Sie Fleischstücke zu Hause einfrieren, bleiben Sie in der Kühlbox lange lagerfähig und kühlen die anderen Lebensmittel mit. Nehmen Sie ein Thermometer mit, um bei den verderb-

Integrierter Kühlschrank für unterwegs

Kühltasche aus leichtem Kunststoff

lichen Waren in Ihrer kühlen Reisetruhe regelmäßig die Temperatur messen zu können. Wenn Sie in heiße Gegenden reisen, ist frisches Wasser aus der Kühlbox nicht nur eine Wohltat, sondern lebenswichtig!

Essen zu Hause vorbereiten

Es spart Zeit und Aufwand, wenn Sie schon vor der Campingreise überlegen, wie und was Sie kochen möchten. So können Sie je nach Dauer Ihrer Reise schon zu Hause zahlreiche Zutaten vorbereiten und in gut lagerfähigen Behältnissen mitnehmen. Zumindest für die ersten Campingtage können Sie das Gemüse in wiederverschließbaren Aufbewahrungsbeuteln sowie Saucen, Suppen und Eintöpfe in gut stapelbaren Feinkostbehältern mitnehmen. Noch leichter ist es, wenn Sie im Wohnmobil mit Kühlschrank reisen und die frischen, vorbereiteten Zutaten bzw.

Gerichte dort lagern können. Dann müssen Sie die Speisen zu Beginn des Campings nur noch aufwärmen.

Einfache Küche genießen

Einfache Speisen wie Eintopfgerichte, geschmortes Hähnchenfleisch, und Rezepte mit Nudeln oder Reis sind lecker, nahrhaft, und schnell zuzubereiten. Wenn Sie keine integrierte Küche im Wohnwagen haben, ist eine Campingküche die passende Alternative. Die meisten Küchen bieten genügend Stauraum für Lebensmittel, Geschirr und Lebensmittel sowie ein integriertes Waschbecken zum Spülen.

Beim Camping kochen Sie am besten Gerichte, die Sie schon kennen und beherrschen. Sie sparen Zeit, werden satt und können die Annehmlichkeiten des Speisens im Freien leichter genießen, wenn beim Kochen nichts danebengeht.

Lebensmittel, die sofort für den Verzehr geeignet sind, wie Wurst, Hartkäse und Obst sollten Sie von zu Hause mitnehmen. Auch salzige oder süße Snacks für den Hunger zwischendurch, die lange haltbar sind und nicht in die Kühlbox müssen, sollten Sie auf der Reise dabei haben.

Der gute Geschmack

Gewürze können einem einfachen Rezept ohne Konservierungs- und andere unerwünschte Stoffe Originalität und Charakter verleihen. Sie sind leicht zu transportieren und schon zu Hause als Gewürzmischung zusammenstellbar. Je nach der Dauer und

Rechts: Gewürze zur Verfeinerung des Essens
Unten: Vorbereitete Zutaten in Frischhalteboxen

Oben: Gemüsepfanne mit Fetakäse; unten: Herzhaftes auf dem Campinggrill

Oben: Sommersalat für die leichte Kost; unten: Gemüse für das fleischlose Grillen

Entfernung des Reiseziels, kann es sinnvoll sein, ein paar Gerichte vorzukochen, die Sie bei der Ankunft oder am nächsten Tag noch essen können. Dadurch entfällt bei der strapaziösen Anreise das Kochen nach der Ankunft.

Frisch Gekochtes und Mahlzeiten aus der Dose lassen sich gut miteinander kombinieren. Chili con Carne aus der Konserve lässt sich mit Gewürzen und frischem Gemüse wie Zucchini verfeinern und mit einem Salat bereichern. Wer mal auf das Kochen verzichten möchte, kann auf schmackhafte kalte Speisen zurückgreifen, z. B. Rohkost, Salate, gefülltes Fladenbrot oder Joghurt mit Obst und Müsli. Sie bilden in der warmen Jahreszeit eine leichte Alternative zur eher schweren Kost.

So gelingt das Grillen

Die besten roten Fleischstücke (Rib-Eye, Strip Steak oder Filet Mignon) haben den höchsten marmorierten Fettgehalt und schmecken sehr zart, kosten aber auch am meisten. Gute Alternativen sind marinierte Hänger-, Rock- und Lendensteaks, die gegrillt am besten schmecken. Heizen Sie den Grill vor, um Verkleben oder Unterkochen des Fleisches zu verhindern. Damit Sie es je nach Bedarf punktgenau rosa, medium oder gut durch hinbekommen, benutzen Sie zur Kontrolle ein Fleischthermometer. Steaks garen Sie schnell über dem heißen Bereich des Grills, um eine leckere Kruste zu erhalten.

Grillen, ein Spaß für kleine und große Camper

Auch viele Fischarten und einige Meeresfrüchte lassen sich gut grillen, z. B. Lachs, Thunfisch und Schwertfisch sowie Garnelen. Sie können sie direkt auf den Grill legen, ohne dass sie auseinander fallen. Arten, die auf dem Grill eher zusammenfallen (z. B. Kabeljau, Barsch, Schellfisch, Schnapper) können in Grillkörben gegart werden. Auch bei Fisch hilft ein Thermometer bei der Ermittlung des erwünschten Garpunktes. Die Grillfläche sollte heiß sein, damit der Fisch nicht am Rost klebt.

Auch beim Grillen muss es nicht immer Fleisch oder Fisch sein, auch gegrilltes Gemüse ist sehr lecker. Aubergine, Blumenkohl, Brokkoli, Champignons, Kartoffelscheiben, Maiskolben oder Paprika, eventuell bestreut mit Käse, schmecken gegrillt genauso lecker.

Notfall-Set dabei haben

Nicht jeder Outdoor-Freund schafft es, ein Lagerfeuer für das Abendessen anzubekommen. Die Zeit der Jäger und Sammler ist lange vorbei und die meisten Fertigkeiten unserer Vorfahren stehen uns nicht mehr zur Verfügung. Deshalb sollten auch Rucksackreisende die Segnungen des Fortschritts nutzen und einen tragbaren Butankocher mitnehmen. Mit einem Zündstein bekommen Sie jeden Kocher an.

Beim Reisen mit dem Auto ist der Verbandskasten automatisch dabei. Damit können oberflächliche Verbrennungen oder andere leichte Verletzungen versorgt werden. Neben dem obligatorischen Erste-Hilfe-Material sollten Sie Pfefferspray

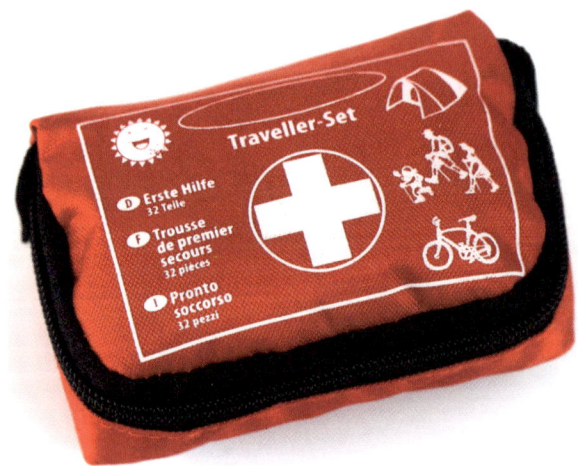

Erste-Hilfe-Set bei kleineren Verletzungen

zum Schutz gegen Tiere oder Insektenspray gegen Mücken und Zecken mitnehmen. Zum Notfall-Set in trockenen Regionen gehört ausreichend Wasser.

Müll beim Camping vermeiden

Auch im Campingurlaub entsteht Müll. Am besten überlegen Sie vor Antritt Ihrer Reise, welcher Abfall unterwegs vermeidbar ist. Plastikverpackungen von Nudeln und Reis können Sie für das spätere Recycling zu Hause lassen und den Inhalt stattdessen in Gefäße umfüllen.

Müll, der unterwegs anfällt, packen Sie in recycelbare Tüten. Entleerte Gaskartuschen dürfen hierzulande in den gelben Abfallsack gegeben werden. Sie sollten sich auf der Reise nach einer geeigneten Entsorgungsmöglichkeit umsehen und die Kartusche nicht einfach in einen Mülleimer werfen. Bei Auslandsreisen informieren Sie sich möglichst vorher über die Rückgabebestimmungen.

Müll vermeiden, damit die Idylle erhalten bleibt

II. CAMPING-REZEPTE

5 REZEPTE FÜR DEN CAMPINGKOCHER

COUSCOUS-SALAT MIT ROSINEN, MINZE UND APRIKOSEN

Zutaten für 2 Portionen

400 ml Wasser
200 g Couscous
4 Aprikosen
1 Frühlingszwiebel
4 EL Rosinen

1 Handvoll frische Minze
1 EL Honig
2 EL Zitronensaft
1 bis 2 EL Olivenöl
Salz, Pfeffer, Chili

Zubereitung (ca. 25 Minuten)

1 Couscous mit heißem Wasser übergießen und quellen lassen. Bei kaltem Wasser dauert das Quellen entsprechend länger, etwa eine Stunde.

2 Aprikosen und Frühlingszwiebel in kleine Stücke schneiden. Mit den Rosinen und der grob gehackten Minze zum Couscous geben.

3 Dressing aus Gewürzen, Honig, Zitronensaft und Olivenöl vermischen und unter den Couscous heben.

4 Etwa eine Stunde durchziehen lassen, damit die Rosinen aufquellen und der Couscous das Aroma des Dressings aufnehmen kann.

Tipp

Wenn Sie keine Aprikosen zur Hand haben, können Sie auch Pfirsich oder Nektarinen nehmen. Eine Handvoll zerkleinerter Mandeln oder Nüsse verleihen dem Salat zusätzlichen Pepp.

GEFÜLLTE AVOCADOS

Zutaten für 4 Portionen

150 g Tomaten
50 g Zwiebeln
2 mittelgroße Eier
200 g Thunfischfilet
2 Avocados

1 TL Zitronensaft
1 EL Olivenöl
1 TL Petersilie
1 TL Koriander, grün
Salz, Pfeffer

Zubereitung (ca. 30 Minuten)

1 Die Tomaten vierteln und von Stielansätzen und Samen befreien. Das Fruchtfleisch in kleine Würfel schneiden. Die Zwiebel schälen und fein hacken. Die Eier hart kochen, abkühlen lassen, pellen und in kleine Würfel schneiden. Den Thunfisch gut abtropfen lassen und in kleine Stücke zerpflücken.

2 Die Avocados halbieren und die Samenkerne entfernen. Das Fleisch einer Frucht aus der Schale lösen, auf einem Teller mit etwas Zitronensaft beträufeln und anschließend mit einer Gabel zerdrücken.

3 Die Tomaten- und Zwiebelwürfel, die Eier und den Thunfisch unterheben, mit Salz, Pfeffer, Olivenöl und den fein geschnittenen Kräutern würzen.

4 Die Mischung in die halbierten Avocados füllen und anrichten.

Tipp

Statt Thunfisch können Sie auch Feta- oder Ziegenkäse nehmen.

GNOCCHI MIT GARNELEN

Zutaten für 2 Portionen

200 g Tiefkühlgarnelen
(ohne Kopf und Schale)
250 g Gnocchetti (Kühlregal)
50 g Babyspinat
½ Zucchini
½ Aubergine

1 TL Honig, 2 EL Öl
1 Knoblauchzehe
1 rote Chilischote
1 TL Rosenpaprika
425 ml Stücktomaten
Salz, Pfeffer

Zubereitung (ca. 30 Minuten)

1 Die Garnelen auftauen lassen. Zucchini und Aubergine putzen, waschen und würfeln. Knoblauch schälen und hacken. Chili putzen, längs aufschneiden, entkernen, waschen und klein schneiden.

2 In einem Topf 2 EL Öl erhitzen und Gnocchetti darin etwa 3 Minuten anbraten, dann herausnehmen.

3 Die Garnelen waschen, trocken tupfen und im Bratfett rund 3 Minuten anbraten. Knoblauch und Chilischote kurz mitbraten, anschließend herausnehmen.

4 Im Bratsatz 2 EL Öl erhitzen und Gemüse darin anbraten. Tomaten und 150 ml Wasser angießen. Mit Salz, Pfeffer, Rosenpaprika und Honig würzen, aufkochen und zugedeckt ca. 5 Minuten köcheln lassen.

5 Den Spinat verlesen, waschen und trocken schütteln. Gnocchetti, Garnelen und Spinat zur Tomatensauce geben, kurz erwärmen und mit Gewürzen abschmecken.

Tipp

Man kann die Gnocchi mit Weißbrot essen. Als Dessert empfehlen sich Naturjoghurt oder Quark mit Früchten, an heißen Tagen Obstsalat oder ein Stück Wassermelone.

HIRSERISOTTO MIT PILZEN

Zutaten für 2 Portionen

400 g Pilze nach Wahl

150 g Parmesan

150 g Hirse

350 ml Gemüsebrühe

1 mittelgroße Zwiebel

2 EL Öl

Schnittlauch oder Petersilie (frisch)

Salz, Pfeffer

Zubereitung (ca. 25 Minuten)

1 Zwiebeln schälen und würfeln, Pilze klein schneiden.

2 Zwiebeln in einem Topf anschwitzen und Pilz anbraten. Mit Brühe ablöschen, Hirse hinzugeben und etwa 2 Minuten aufkochen. Einen Deckel auf den Topf legen und bei geringer Hitze rund 5 Minuten weiterköcheln lassen und rühren.

3 Abschalten und das Getreide 10 Minuten ausquellen lassen. Geriebenen Parmesan unterheben und abschmecken. Mit kleingehacktem Schnittlauch oder Petersilie bestreuen.

Tipp

Mit einem großen Löffel Crème fraîche oder Schmand wird das Risotto cremiger. Als Beilage passt Blattsalat. Wer keine Pilze mag, kann alternativ Karotten, Erbsen oder Zucchini wählen. Als besonderen Clou können Sie das Risotto auch in ausgehöhlte, gebackene Kürbisscheiben füllen.

KAROTTENEINTOPF MIT KOKOSMILCH

Zutaten für 2 Portionen

250 g Karotten

100 g Kartoffeln

100 g Blumenkohl

50 g TK-Erbsen

200 g Zwiebeln

125 ml Gemüsebrühe

125 ml Kokosmilch

Salz, Pfeffer, Muskat

frische Petersilie

Zubereitung (ca. 25 Minuten)

1 Kartoffeln und Möhren schälen und in dicke Stücke schneiden. Blumenkohl klein schneiden und Zwiebeln hacken.

2 Kartoffeln, Möhren, Zwiebeln, Erbsen und Blumenkohl in einen Topf geben und mit Gemüsebrühe übergießen. Bei geschlossenem Deckel ca. 15 Minuten köcheln lassen. Kurz vor dem Ende der Kochzeit umrühren und mit der Kokosmilch verrühren.

3 Mit Salz, Pfeffer und Muskatnuss abschmecken. Den Eintopf mit etwas kleingehackter Petersilie bestreuen.

Tipp

Je nach persönlichem Geschmack können Sie den Anteil von Möhren und des anderen Gemüses variieren.

KARTOFFELGULASCH MIT SÜSSKARTOFFELN

Zutaten für 2 Portionen

4 mittelgroße Kartoffeln

2 kleine Süßkartoffeln

600 bis 700 ml Gemüsebrühe

2 bis 3 EL Streichkäse

1 Zwiebel

1 EL Tomatenmark

Je 1 TL Paprikapulver edelsüß und scharf

1 EL Pflanzenöl

Pfeffer, Salz

Zubereitung (ca. 30 Minuten)

1 Die Zwiebel kleinhacken, die Kartoffeln und die Süßkartoffeln schälen und in ca. 2 cm große Würfel schneiden.

2 Die Zwiebel in einem Topf im heißen Öl glasig anbraten. Alle Kartoffeln zugeben, mit der Brühe ablöschen. Das Tomatenmark und die Gewürze hinzufügen. Alles etwa 20 Minuten auf leichter Stufe köcheln lassen, bis die Kartoffeln gar sind.

3 Kurz abkühlen lassen, dann den Streichkäse unterrühren und erneut abschmecken.

Tipp

Weil Süßkartoffeln schnell garen, nehmen Sie etwas größere Stücke als bei herkömmlichen Kartoffeln. Als Beilagen empfehlen sich gemischter Salat und rustikales Weißbrot. Wer das Gericht nicht vegan möchte, kann Rindfleischstücke dazugeben.

LINSENEINTOPF ITALIENISCHER ART

Zutaten für 2 Portionen

150 g grüne Linsen

2 Karotten

1 Zucchini

1 kleine Stange Lauch

150 g Kirschtomaten

1 Zwiebel

1 Knoblauchzehe

1 mehlige Kartoffel

50 g Pancetta (Bauchspeck)

100 g Salsiccia (Rohwurst)

Olivenöl, Balsamico Essig

500 ml Gemüsebrühe

100 ml Rotwein

2 frische Thymianzweige

Zubereitung (ca. 45 Minuten)

1 Die Linsen in einem Topf Wasser ca. 20 Minuten kochen lassen. Zwiebel, Knoblauch, Karotten, Zucchini, Lauch und Pancetta in kleine Würfel schneiden und die Kirschtomaten halbieren.

2 Die Salsiccia und Pancetta mit Olivenöl in einem Topf kurz anbraten, dann Zwiebel und Knoblauch dazugeben und glasig dünsten. Danach das restliche Gemüse dazugeben, mit Salz und Pfeffer würzen, eine Prise Zucker dazu und leicht anbraten. Mit Rotwein ablöschen, kurz einkochen lassen und dann mit der Gemüsebrühe aufgießen.

3 Die gekochten Linsen, die fein gehobelte Kartoffel und den frischen Thymian dazugeben. Alles zusammen ca. 15 bis 20 Minuten auf mittlerer Hitze köcheln lassen.

4 Zum Schluss mit Balsamico-Essig abschmecken. Der Eintopf schmeckt auch am nächsten Tag.

Tipp

Wer es lieber vegetarisch mag, lässt Rohwurst und Bauchspeck weg und sorgt mit ein wenig (!) Cayennepfeffer oder Chili für zusätzliche Würze.

NUDELN MIT GEMÜSE-TOMATENSAUCE

Zutaten für 2 Portionen

1 mittelgroße Zwiebel

1 Packung passierte Tomaten

4 frische Tomaten

2 kleine Karotten

1 Dose Mais, Erbsen o.ä.

70 bis 80 g Lupinenschrot

200 g Nudeln

2 bis 3 Teelöffel Öl zum Anbraten

Wasser zum Kochen

Zubereitung (ca. 20 Minuten)

1 Die Zwiebeln und Karotten schälen, schneiden und mit Öl im Topf anbraten. Die frischen Tomaten klein schneiden.

2 Gehackte Tomaten hinzugeben und mit den passierten Tomaten ablöschen.

3 Etwas köcheln lassen und das Lupinenschrot als Ersatz für Soja oder Fleisch zugeben.

4 Nach einigen Minuten Wasser nach Gefühl auffüllen, anschließend die Nudeln und das weitere Gemüse. Die Nudeln sollten mit Wasser bedeckt sein.

5 Alles kochen lassen, bis die Nudeln al dente sind, dann servieren.

Tipp

Eine feine Kräuternote erhält das einfache Tomatengericht, wenn Sie es mit frischen, duftenden Basilikumblättern bestreuen.

PATATAS ANDALUZ MIT CHORIZO-WURST

Zutaten für 2 Portionen

500 g kleine Kartoffeln	1 Bio-Zitrone
250 g Chorizo-Würste	1 EL Kapern
100 g Piementos de Padrón	1 Knoblauchzehe
(Bratpaprika)	2 Stiele Petersilie
100 g saure Sahne	Salz, Pfeffer, Rosenpaprika, Kreuzkümmel
40 g schwarze Oliven (ohne Stein)	2 bis 3 EL Öl

Zubereitung (ca. 35 Minuten)

1 Öl in einer Pfanne erhitzen und Wurst darin etwa 5 Minuten braten. Kartoffeln gründlich waschen und vierteln. Wurst herausnehmen und Kartoffeln im Bratfett ca. 20 Minuten unter Wenden braten.

2 Knoblauch schälen und hacken. Pimientos waschen und in Stücke schneiden. Saure Sahne, einen halben TL Rosenpaprika und 1 Prise Kreuzkümmel verrühren. Mit Salz abschmecken.

3 Zitrone heiß waschen und abtrocknen, Schale dünn abreiben, Frucht halbieren und eine Hälfte auspressen. Oliven in Ringe schneiden. Kapern, Oliven und Zitronenabrieb mischen.

4 Wurst und Pimientos zu den Kartoffeln geben und etwa 3 Minuten mitbraten. Mit Zitronensaft, Salz und Pfeffer abschmecken.

5 Petersilie waschen und Blättchen hacken. Pfanne mit Olivenmischung und Petersilie bestreuen.

Tipp

Dazu passt ein kräftiger, trockener spanischer Rotwein wie z. B. Rioja.

PUTEN-GEMÜSE-TOPF IN KRÄUTERSAUCE

Zutaten für 2 Portionen

300 g braune Bohnen, küchenfertig
300 g Möhren
100 g rote Paprika
200 g Putenschnitzel oder
Hähnchenbrust
100 g Schmand

1 mittelgroße Zwiebel
1 Knoblauchzehe
1 TL Gemüsebrühe (instant)
1 EL Olivenöl
Je 1 Stiel Petersilie, Schnittlauch und Dill
Salz, Pfeffer

Zubereitung (ca. 30 Minuten)

1 Bohnen in einem Sieb kalt abspülen und abtropfen lassen. Möhren schälen und klein schneiden, Paprika waschen und in Streifen schneiden, Zwiebel in Scheiben schneiden.

2 Das Hähnchenfleisch waschen, gut trocken tupfen und in kleinere Stücke schneiden. Den Knoblauch schälen und hacken.

3 Öl in einem großen Topf erhitzen. Fleisch darin rundherum 3 bis 4 Minuten goldbraun braten. Mit Salz und Pfeffer würzen. Paprika, Möhren, Zwiebel und Knoblauch zufügen und etwa 3 Minuten weiterbraten. Mit Wasser ablöschen, aufkochen und Brühe einrühren.

4 Bohnen zufügen und weitere rund 3 Minuten köcheln.

5 Kräuter waschen, trocken tupfen, fein hacken, mit dem Schmand zum Eintopf geben und aufkochen. Mit Salz und Pfeffer abschmecken.

Tipp

Für den großen Hunger passt als Beilage Reis.

SÜSSKARTOFFEL-CURRY MIT KICHERERBSEN UND HÄHNCHEN

Zutaten für 2 Portionen

2 Süßkartoffeln

1 Dose Kichererbsen

1 Dose Kokosmilch

1 mittelgroße Karotte

250 g Hähnchenbrust

1 Gemüsebrühwürfel

1 mittelgroße Zwiebel

1 Knoblauchzehe

1 TL Zimt und 1 EL Rosinen

2 TL Olivenöl

Koriander und Kreuzkümmel

Salz, Pfeffer, Chili

Zubereitung (ca. 30 Minuten)

1 Hähnchenbrust in mundgerechte Stücke schneiden, scharf anbraten und in einem verschließbaren Behältnis warmhalten.

2 Süßkartoffeln und Karotten schälen und in kleine Stücke schneiden.

3 Mit Wasser bedecken und weichkochen; aufpassen, dass die Masse nicht anbrennt.

4 Wasser abgießen, Zwiebeln und Knoblauch hinzufügen und glasig dünsten.

5 Kokosmilch, Gemüsebrühwürfel, Gewürze, Kichererbsen und Fleisch hinzufügen und vorsichtig erwärmen. Eventuell mit Limettenscheiben garnieren.

Tipp

Zum pikanten Curry-Topf passt Fladenbrot oder gebackenes Pizzabrot.

TORTELLINI-PILZ-PFANNE

Zutaten für 2 Portionen

1 halbe Zucchini	100 g Champignons
200 g Tortellini	1 halbe Zwiebel
75 g Schmand/Schlagsahne	5 g Petersilie
10 g Hartkäse	Salz, Pfeffer
75 g Kirschtomaten	½ EL Öl

Zubereitung (ca. 25 Minuten)

1 Gemüse abwaschen und die Enden der Zucchini abschneiden, anschließend vierteln und in Scheiben zuschneiden. Zwiebel ebenfalls klein schnippeln, Kirschtomaten halbieren und Champignons je nach Belieben klein schneiden. Hartkäse fein reiben. Blätter von der Petersilie zupfen und fein hacken.

2 Zucchinischeiben, Champignons und Zwiebeln mit etwas Öl anbraten. Nach ca. 6 Minuten Kirschtomaten hinzufügen und weiterköcheln lassen.

3 Tortellini je nach Sorte 6 bis 8 Minuten bissfest garen.

4 Schmand, ca. 50 ml Kochwasser und die Hälfte des geriebenen Hartkäses in die Pfanne geben. Mit Salz und Pfeffer sowie etwas Petersilie abschmecken.

5 Tortellini in die Pfanne geben und wenige Minuten mitköcheln lassen, bis die Sauce leicht eingedickt ist. Mit Petersilienblättern und dem restlichen Hartkäse garnieren.

Tipp

Die Tortellini sollten bissfest bleiben, dann verbinden sie sich gut mit den Pilzen und dem Gemüse. Die Champignons nicht zu lange braten, sonst werden sie schwammig.

6 REZEPTE FÜR DEN GRILL

BUNTER GEMÜSESPIESS

Zutaten für 2 Portionen

1 Aubergine

2 mittelgroße Zucchini

2 Paprika (rot und gelb)

1 Maiskolben, vorgekocht

400 g Kirschtomaten

2 mittelgroße Zwiebeln

½ Bio-Zitrone

3 EL Sonnenblumen- oder Olivenöl

Salz, Pfeffer

Kräuter nach Geschmack

Zubereitung (ca. 30 Minuten)

1 Zwiebeln und Aubergine schälen, Paprika waschen und aushöhlen, danach alles in große Stücke schneiden.

2 Die Zucchini waschen, die Enden abtrennen und danach in nicht zu dünne Scheiben schneiden.

3 Tomaten waschen, aber ganz lassen. Den Maiskolben in dicke Scheiben schneiden.

4 Den Saft der Zitrone mit Öl, Salz und Pfeffer in eine Schüssel geben und gut durchmischen. Das Gemüse dazugeben und alles mit der Marinade gut durchmischen.

5 Die Gemüsestücke abwechselnd auf die Spieße aufstecken und je nach Dicke etwa 20 bis 30 Minuten am Rand des Grillrostes auflegen und bei niedrigen Temperaturen und regelmäßigem Wenden grillen.

Tipp

Dazu schmeckt Fladenbrot mit Joghurt-Dip oder Tsatsiki.

CHAMPIGNONS VOM GRILL

Zutaten für 2 Portionen

200 g frische Champignons
2 Knoblauchzehen
2 EL Sojasauce
2 EL Sonnenblumenöl
Salz, Pfeffer

Zubereitung (ca. 20 Minuten)

1 Die Champignons putzen und beiseite stellen. Die Knoblauchzehen durch die Presse drücken oder ganz klein schneiden, mit dem Öl und der Sojasauce vermischen und mit Salz und Pfeffer würzen.

2 Die Champignons zugeben und durchmengen. Sollte es zu wenig Marinade sein, einfach noch etwas von den Zutaten zugeben.

3 In Alufolie geben und bei nicht allzu starker Hitze einige Minuten auf den Grill legen. Die Folie oben aber nicht schließen, um prüfen zu können, wann die Pilze fertig sind. Bei Bedarf die Pilze drehen.

Tipp

Als Beilage passen Nudeln, gebratene Zwiebeln und gegrillte Kartoffelscheiben sowie Feldsalat, der den nussigen Geschmack der Champignons unterstützt.

GEMÜSE-FETA-PÄCKCHEN

Zutaten für 2 Personen

1 hellgrüne Spitzpaprika
1 große Tomate
200 g Fetakäse
1 EL schwarze Oliven (ohne Stein)
2 EL Olivenöl

2 Stiele Thymian und glatte Petersilie
1 Zweig Rosmarin
Paprikapulver, edelsüß
Salz, Pfeffer
Wraps, Alufolie

Zubereitung (ca. 25 Minuten)

1 Paprika putzen, waschen und in Streifen schneiden. Tomaten waschen und in Scheiben schneiden, Feta würfeln. Kräuter waschen und trocken schütteln. Blättchen und Nadeln abzupfen und hacken. Kräuter mit 1 TL Paprikapulver mischen.

2 Die Wraps von beiden Seiten nur kurz grillen, damit sie beweglich bleiben.

3 Feta und Gemüse auf den Fladen verteilen und mit der Kräutermischung bestreuen. Mit Salz und Pfeffer würzen und den Wrap einrollen. Mit jeweils 1 EL Öl beträufeln.

4 Die Alufolie um den mit Gemüse gefüllten Wrap legen und zu Päckchen verschließen. Auf dem heißen Grill 10 bis 12 Minuten garen.

Tipp

Wer die Päckchen mit Fleisch ergänzen möchte, kann sie mit vorher kurz angegrilltem und dann klein geschnittenem Hühnchen- oder Putenfleisch zusätzlich füllen.

HOT DOGS VOM GRILL

Zutaten für 2 Portionen

2 Rostbratwürste oder
Brühwürstchen
2 weiche oder Körnerbrötchen
Gewürzgurken, gewürfelt

Salatgurken, gewürfelt
Salatblätter
Senf, Ketchup
eventuell Mayonnaise

Zubereitung (ca. 15 Minuten)

1 Die Würste mehrfach schräg einritzen und pro Seite jeweils etwa 5 Minuten grillen. Bei Brühwürstchen entsprechend weniger.

2 Die Brötchen einschneiden. Wenn Sie weiche Brötchen wählen, auf dem Grill kurz mit-rösten. Ein Salatblatt in das Brötchen legen.

3 Die gegrillten bzw. gebrühten Würstchen in die Brötchen legen, mit Gewürz- und Salat-gurkenwürfeln füllen und nach Bedarf Senf und Ketchup dazugeben.

Tipp

Für das schnelle Rezept gibt es eine etwas aufwändigere Variante. Wer Zeit und Lust hat, kann statt Gurken ein selbst gemachtes Relish aus roten und grünen Paprikaschoten und Zwiebeln (jeweils ca. 250 g) sowie Essig, Senfkörnern, Zucker und Salz wählen: Die Paprika putzen und entkernen, Gemüse fein hacken, mit kochendem Wasser bedecken, ca. 15 Minuten stehen lassen und abgießen. Essig, Senf, Zucker und Salz dazugeben, zum Kochen bringen und etwa 10 Minuten köcheln lassen, gelegentlich umrühren.

LACHSFORELLE MIT KRÄUTERFÜLLUNG

Zutaten für 2 Portionen

1 Lachsforelle, frisch	2 Knoblauchzehen
1 Bio-Zitrone	5 EL Oliven- oder Rapsöl
1 Tomate	Dill, Schnittlauch, Rosmarin (frisch)
1 Stück Kräuterbutter	Salz, Pfeffer

Zubereitung (ca. 30 Minuten)

1 Die Forelle waschen und trocken tupfen. Außen und innen von allen Seiten mit dem Saft einer Zitrone beträufeln, salzen und pfeffern. Die Hälfte der Kräuter sowie eine in Scheiben geschnittene Zitrone in die Bauchhöhle der Forelle legen, die Kräuterbutter in kleine Stücke schneiden.

2 Mehrere Bahnen Alufolie zu einem Bett verbinden, mit 4 EL Öl beträufeln und die gefüllte Forelle hineinlegen. Auf die Forelle die Kräuterbutter sowie nach Belieben weitere Zitronenscheiben und gehackte Kräuter legen.

3 Die Alufolie verschließen und den Fisch je nach Größe 20 bis 30 Minuten grillen. Zwischendurch öffnen und den Garzustand kontrollieren.

4 Den Rest der Zitronenscheiben mit Tomatenscheiben zum Fisch servieren.

Tipp

Dazu schmecken gegrillte Rosmarinkartoffeln oder Baguettescheiben, die ebenfalls auf den Grill gelegt werden können.

MARINIERTE DORADE

Zutaten für 4 Portionen

Ca. 2 kg Dorade,
küchenfertig
4 Frühlingszwiebeln
oder Schalotten
Salz, etwas Öl
Alufolie

Für die Marinade

2 Knoblauchzehen
1 Stück Ingwer (ca. 5 cm), gerieben
1 Bio-Zitrone
1 Bund Koriandergrün oder Petersilie
2 EL Fischfond
1 EL trockener Sherry

Zubereitung (ca. 40 Minuten)

1 Den Fisch innen und außen waschen, mit Krepppapier trocken tupfen, nach Geschmack ein wenig salzen und auf ein großes Stück geölte Alufolie legen.

2 Zitronensaft auspressen und den Saft in ein Gefäß geben. Ingwer reiben und Koriandergrün bzw. Petersilie klein hacken. Die Kräuter zum Zitronensaft geben und Fischfond und Sherry dazugießen. Alle Zutaten für die Marinade gründlich verrühren.

3 Den Fisch mit der Marinade begießen, etwas Flüssigkeit in den Bauchraum träufeln.

4 Die Alufolie schließen und den Fisch 1 Stunde ziehen lassen.

5 Auf dem heißen Grill unter Wenden je nach Größe 20 bis 30 Minuten grillen. Zwischendurch Alufolie vorsichtig öffnen und Garpunkt prüfen.

Tipp

Zur Dorade passen u. a. Bratkartoffeln oder gegrilltes Gemüse sowie ein fruchtiger Riesling.

MARINIERTE KARTOFFELSCHEIBEN

Zutaten für 2 Portionen

Ca. 500 g Kartoffeln

200 g Kirschtomaten

50 ml Olivenöl

1 TL Paprikapulver, edelsüß

1 TL Thymian, frisch, gehackt

1 TL Rosmarin, frisch, gehackt

1 TL Currypulver, rot, scharf

Pfeffer, Meersalz, Rosmarin

Zubereitung (ca. 15 Minuten)

1 Am Vortag die Kartoffeln in Scheiben schneiden und in einen Beutel geben. Die Gewürze, die klein gehackten Kräuter und das Olivenöl verrühren. Mit schwarzem Pfeffer, am besten aus der Mühle, abschmecken und die Marinade über die Kartoffeln geben.

2 Den Beutel verschließen und gut durchschütteln, bis die Kartoffelscheiben rundum mit der Marinade bedeckt sind. Etwa 12 Stunden kühl ziehen lassen. Zwischendurch nochmals gut durchschütteln.

3 Die Kirschtomaten und die Kartoffelscheiben auf eine Grillplatte legen. Die Kartoffeln von beiden Seiten goldbraun rösten, mit dem Rest Marinade bepinseln und Rosmarinnadeln darüberstreuen. Vor dem Verzehr die Kartoffeln mit einer Prise Meersalz bestreuen.

Tipp

Als Beilage passt Kräuterquark oder Tsatsiki.

SCHWEINEKOTELETTS IN BIERMARINADE

Zutaten für 2 Personen

2 Schweinekoteletts
200 ml Bier (z.B. Pils)
2 Zwiebeln
3 EL Senf, mittelscharf

Zubereitung (ca. 25 Minuten)

1 Für die Marinade Zwiebeln schälen und in Ringe schneiden. Senf, Bier, Salz, Pfeffer, Zucker und Petersilie verrühren und die Zwiebelringe untermischen. Koteletts darin wenden und zugedeckt kühl 2 Stunden ziehen lassen, dabei gelegentlich wenden.

2 Koteletts aus der Marinade heben, abtropfen lassen, mit Salz und Pfeffer würzen und von jeder Seite etwa 8 bis 10 Minuten grillen. Mehrmals mit der Marinade bepinseln.

3 Koteletts am besten mit selbst gemachtem Kartoffelsalat, Kartoffelspitzen oder gegrilltem Gemüse anrichten.

Tipp

Der zünftige Begleiter ist ein erfrischendes Bier, das auch alkoholfrei sein kann.

SPARE RIBS IN HONIG-KNOBLAUCH-MARINADE

Zutaten für 2 Portionen

750 g Rippchen (Spare Ribs)

125 g Honig

2 EL Apfelessig

60 bis 70 ml Sojasauce, salzig

2 Knoblauchzehen

Salz, schwarzer Pfeffer oder Cayennepfeffer

Zubereitung (ca. 45 Minuten)

1 Spare Ribs etwa 30 Minuten in kochendem Wasser blanchieren.

2 In der Zwischenzeit Honig, Apfelessig und Sojasauce verrühren. Mit Salz, Pfeffer und klein gehacktem oder gepresstem Knoblauch würzen.

3 Die Rippchen mit der Marinade einpinseln, mehrmals wiederholen. Je länger Sie die Mischung einziehen lassen (mindestens 1 Stunde), umso intensiver wird der Geschmack.

4 Beim Grillen die Oberseite jeweils noch 3 bis 4-mal einpinseln. Die Grillzeit richtet sich nach der Dicke des Fleisches. Gegebenenfalls mit einer Spicknadel prüfen, ob die Rippchen durch sind.

Tipp

Leckere Beilagen sind gegrillte Kartoffelscheiben oder Maiskolben sowie Krautsalat.

STEAKS MIT TOMATEN-CHILI-BUTTER

Zutaten für 2 Portionen

2 Rumpsteaks à ca. 180 g
2 mittelgroße Tomaten
30 g Butter
1 TL Tomatenmark

1 TL Chilipulver
1 TL Zitronensaft
Salz, Pfeffer

Zubereitung (ca. 30 Minuten)

1 Butter und Tomatenmark mischen. Mit Salz, Pfeffer, Chilipulver und Zitronensaft würzen.

2 Die scharfe Butter auf Pergamentpapier platzieren und das Papier zu einer etwa 3 cm dicken Rolle formen. Rund 1 Stunde kalt stellen.

3 Rumpsteaks trockentupfen und mit Salz und Pfeffer würzen. Von jeder Seite 4 bis 5 Minuten grillen.

4 Tomaten waschen, halbieren und etwa 3 Minuten grillen. Mit Salz und Pfeffer würzen.

5 Butter in Scheiben schneiden und auf die Steaks setzen. Mit den gegrillten Tomaten servieren.

Tipp

Dazu passen gegrillte Kartoffelscheiben oder Fladenbrot sowie Krautsalat oder Blattsalat.

WARMER ZUCCHINI-SALAT

Zutaten für 2 Portionen

2 kleine Zucchini

100 g Ziegen- oder Fetakäse

1 Knoblauchzehe

1 rote Chilischote

2 EL gehackte Kräuter nach Wahl

(z.B. Minze, Rosmarin, Oregano, Thymian)

3 EL Olivenöl, 2 EL Rotweinessig

Salz, Pfeffer

Zubereitung (ca. 15 Minuten)

1 Zucchini in Scheiben schneiden. Knoblauch schälen und hacken. Chili halbieren, entkernen und fein hacken.

2 Zucchinischeiben mit 1 EL Olivenöl vermengen und auf dem heißen Grillrost verteilen.

3 Zucchinischeiben etwa 6 bis 8 Minuten grillen, regelmäßig wenden und beiseite stellen.

4 Für das Dressing Knoblauch, Chili, Rotweinessig und restliches Olivenöl in einer großen Schüssel verrühren. Gegrillte Zucchini hinzufügen und vermengen, mit Salz und Pfeffer abschmecken.

5 Ziegen- oder Fetakäse zerbröseln und über den Zucchinisalat streuen.

TIPP

Als Beilage passt Baguette, eventuell mit Knoblauchöl beträufelt und auf dem Grill geröstet.

ZITRONENHÄHNCHEN AM SPIESS

Zutaten für 2 Portionen

2 Hähnchenbrustfilets	½ Bio-Zitrone
1 EL Honig	½ Bio-Orange
1 EL Olivenöl	1 Knoblauchzehe
1 EL frische Minze	Salz, Pfeffer
½ TL Koriander, gemahlen	glatte Petersilie

Zubereitung (ca. 30 Minuten)

1 Am besten einen Tag vorher die Hähnchenbrustfilets in 2 bis 3 cm große Stücke schneiden und in einen Gefrierbeutel geben.

2 Orange- und Zitroneschale fein abreiben und den Saft auspressen. Die Knoblauchzehe schälen und durch die Presse drücken. Mit Honig, Olivenöl, Minze und Koriander in eine kleine Schüssel geben und gut verrühren. Mit Salz und Pfeffer herzhaft abschmecken.

3 Die Marinade zum Fleisch in den Beutel füllen, fest verschließen und alles mit den Händen fest durchkneten, bis die Fleischwürfel von der Marinade umgeben sind. Mindestens 8 Stunden kalt stellen und durchziehen lassen, gelegentlich den Knetvorgang wiederholen.

4 Grill anheizen, die Hähnchenwürfel aus der Marinade nehmen und auf Küchenkrepp abtropfen lassen. Die Marinade aufbewahren.

5 Die Fleischwürfel auf lange Spieße nicht zu dicht hintereinander stecken. Auf dem Grill bei mittlerer Hitze je nach Dicke des Fleisches 6 bis 10 Minuten grillen, regelmäßig wenden und mit der Marinade bestreichen.

6 Die Spieße auf einer Platte anrichten, mit Minze und Zitronenscheiben garnieren.

Tipp

Sie können die Zitronenschale durch Limettenschalen ersetzen. Wem der Geschmack der gehackten Minze zu stark ist, kann stattdessen Petersilie nehmen.

7 REZEPTE FÜR
HERD UND OFEN

GEMÜSEPFANNE MIT REIS

Zutaten für 2 Portionen

100 g Reis

125 g Kirschtomaten

75 g Fetakäse

10 g Butter

125 ml Wasser

½ TL Reisessig

2 Frühlingszwiebeln

½ Zucchini

½ Bund Suppengrün

2 bis 3 Blätter Liebstöckel

Öl zum Anbraten

Salz, Pfeffer

Zubereitung (ca. 25 Minuten)

1 Für den Reis die Butter in einem Topf zerlassen und das Wasser in einem Topf kochen. Den Reis zur zerlassenen Butter geben und leicht anschwitzen oder anrösten lassen. Das kochende Wasser, Salz und Reisessig zugeben und den Reis ca. 15 bis 20 Minuten bei geringer Hitze garen.

2 Das Gemüse waschen und putzen. Die Möhren mit dem Sparschäler in Streifen schneiden, den Sellerie in Scheiben schneiden, in eine heiße Pfanne mit Öl geben und andünsten.

3 Lauch und Frühlingszwiebeln in Ringe schneiden und zu den Möhren und dem Sellerie hinzugeben. Zucchini längs halbieren und in Stücke schneiden, Tomaten halbieren und in die Pfanne geben.

4 Petersilie und Liebstöckel hacken und den Feta zerbröseln. Den fertigen Reis mit in die Pfanne geben, danach Feta und Kräuter unterheben, bis der Feta sich etwas erwärmt hat.

Tipp

Selbstverständlich können Sie auch anderes Gemüse verwenden, z. B. Paprika, Mais und Bohnen, oder einzelne Sorten weglassen. Zur Gemüsepfanne passt fruchtiger Weißwein.

KARTOFFELPUFFER MIT RÄUCHERFISCH

Zutaten für 2 Portionen

250 g mehlig kochende Kartoffeln
200 g Räucherfisch, z. B. Seelachs
1 Zwiebel, 1 Knoblauchzehe
1 mittelgroßes Ei

1 EL Weizenmehl
Salz, Pfeffer, Muskat
Öl oder Butterschmalz
Rucolasalat o. ä. zum Garnieren

Zubereitung (ca. 20 Minuten)

1 Die rohen Kartoffeln schälen, in eine Schüssel reiben und den Kartoffelsaft abgießen.

2 Die Kartoffelmasse mit Ei, Zwiebel, Knoblauch und Gewürzen gründlich vermischen, mit etwas Mehl abbinden.

3 Die Puffer mit Portionen in Kellengröße in die Pfanne geben und braten, einmal wenden, bis sie goldbraun sind.

4 Den Räucherfisch in kleine Streifen oder Stücke zerteilen.

5 Die Puffer mit Rucola oder einem ähnlichen Salat und dem Fisch belegen.

Tipp

Dazu passen ein Dip aus Naturjoghurt oder Quark und ein frischer, trockener Weißwein.

MANDELPFANNKUCHEN MIT HEIDELBEEREN

Zutaten für 2 Portionen

60 g Heidelbeeren

3 mittelgroße Eier

1 EL Kartoffelstärke

1 EL Zucker

80 g gemahlene Mandeln

½ Päckchen Backpulver

50 bis 60 ml Milch

Öl zum Ausbacken

Zubereitung (ca. 25 Minuten)

1 Heidelbeeren verlesen, waschen und vorsichtig abtrocknen.

2 Eier trennen und Eiweiße steif schlagen. In einer anderen Schüssel Eigelbe, Stärke, Zucker, Mandeln, Backpulver und Milch zu einem sämigen Teig verrühren. Eischnee vorsichtig unterheben.

3 In einer beschichteten Pfanne 2 EL Öl erhitzen und mit einem Schöpflöffel drei kleine Pfannkuchen in die Pfanne geben. Einige Heidelbeeren auf dem noch flüssigen Teig verteilen. Die Pfannkuchen rund 2 Minuten bei mittlerer Hitze backen, wenden und in weiteren 2 Minuten fertig backen.

4 Die fertigen Pfannkuchen auf dem Rost in dem auf 90 °C vorgeheizten Ofen warm halten. Aus dem restlichen Teig weitere Pfannkuchen backen, bis alles aufgebraucht ist.

5 Die Pfannkuchen auf zwei Tellern anrichten und servieren.

Tipp

Die Pfannkuchen erhalten zusätzlichen Pepp, wenn Sie ein Drittel der Beeren nicht mitbacken, sondern unter etwa 100 g griechischen Joghurt, der mit 1 TL Honig gesüßt ist, unterheben udn die Masse auf die fertigen Pfannkuchen verteilen.

PAELLA MIT MEERESFRÜCHTEN

Zutaten für 2 Portionen

Meeresfrüchte nach Belieben (Muscheln, Garnelen etc.)
1 Knoblauchzehe
1 mittelgroße Zwiebel
1 Paprika oder Spitzpaprika
1 EL Paprikapulver, edelsüß

1 Bund Petersilie
1 Tasse Rundkornreis
1 Prise Safran
1 Tasse Wasser
500 bis 600 ml Fischsud
150 ml trockener Weißwein

Zubereitung (ca. 40 Minuten)

1 Meeresfrüchte waschen und putzen. Knoblauch, Zwiebel und Petersilie fein hacken, Paprika mundgerecht schneiden. Safran in warmem Wasser auflösen.

2 Knoblauch in Olivenöl sanft anbraten. Meeresfrüchte getrennt bzw. nacheinander anbraten, unterschiedliche Garzeiten beachten. Aus der Pfanne nehmen und warmstellen.

3 Zwiebeln und Paprika im Fett andünsten, eventuell Olivenöl beigeben. Sobald die Zwiebeln glasig sind, den Reis in der Pfanne verteilen und unter Rühren 5 bis 6 Minuten anbraten. Dann mit der Safranlösung ablöschen und weiterrühren, bis sich alles gut verteilt hat.

4 Weißwein und Paprikapulver hineingeben und etwa 3 Minuten weiterköcheln lassen. Mit dem Fischsud aufgießen und weitere ca. 15 bis 20 Minuten köcheln lassen.

5 Den Reis mit der Hälfte der Petersilie würzen. Sobald die komplette Flüssigkeit aufgenommen wurde, die Meeresfrüchte gleichmäßig darüberlegen und in der Pfanne servieren.

Tipp

Zur Paella passen erfrischende Getränke wie Sangria und Tinto de verano.

PAPRIKA-SAHNE-HÄHNCHEN

Zutaten für 2 Portionen

2 Hähnchenbrustfilets (je ca. 200 g)
Je 1 Paprikaschote rot und grün
1 kleine Chilischote
1 kleine Zwiebel
100 ml Sahne
100 ml Schmand

1 TL Tomatenmark
60 bis 70 ml Gemüsebrühe
Je 1 TL Paprikapulver, edelsüß und scharf
50 g geriebenen Käse
etwas Öl zum Braten
Salz, Pfeffer

Zubereitung (ca. 45 Minuten)

1 Die Hähnchenbrustfilets waschen und mit Küchenkrepp trocken tupfen. Mit Salz und Paprikapulver würzen und in einer Auflaufform dicht aneinanderlegen.

2 Die Paprika- und Chilischoten waschen, entkernen, in schmale Streifen schneiden und auf den Filets verteilen.

3 Die Zwiebel in halbe Ringe schneiden und in einer Pfanne in etwas Öl andünsten. Den Knoblauch pressen und hinzugeben. Paprikapulver und Tomatenmark hinzufügen, mit der Brühe ablöschen und kurz aufkochen lassen. Anschließend Sahne und Schmand unter die Sauce rühren und mit Salz abschmecken.

4 Die Sauce in die Auflaufform gießen, Fleisch und Paprikastreifen sollten ganz bedeckt sein. Den geriebenen Käse gleichmäßig darüber verteilen.

5 Im vorgeheizten Backofen bei 180 °C Ober-/Unterhitze ca. 30 Minuten garen.

Tipp

Dazu passen Reis und ein leichter Weißwein oder Rosé.

PUTENFILET MIT INGWERREIS

Zutaten für 2 Portionen

2 Putenfilets à ca. 180 g

2 Karotten

1 gelbe und 1 rote Paprika

1 Zucchini

2 Knoblauchzehen

120 g Langkornreis (Beilage)

100 g Schafskäse

frische Petersilie

Salz, Pfeffer, Currygewürz, Ingwer

etwas Rapsöl

Zubereitung (ca. 25 Minuten)

1 Karotten, Zucchini und Paprika in Würfel oder Streifen schneiden.

2 Putenfilet in Streifen oder Stücke schneiden und mit Curry, Salz und Pfeffer gewürzt scharf anbraten, dann aus der Pfanne nehmen und in einem Gefäß beiseite stellen.

3 Karotten mit Ingwer und Knoblauch anbraten, die gelbe und rote Paprika und die zerkleinerte Petersilie dazugeben. Anschließend die Zucchini hineingeben.

4 Den Reis in kochendes Wasser schütten, eine Scheibe Ingwer zugeben und je nach Reissorte 10 bis 20 Minuten gar kochen.

5 Das Fleisch zum Gemüse in die Pfanne geben. Zum Schluss mit einigen Schafskäsewürfeln bestreuen und warten, bis er ein wenig verlaufen ist. Mit dem Reis anrichten.

Tipp

Übrig gebliebenen Ingwer wickeln Sie am Anschnitt in feuchtes Küchenpapier, die Knolle verpacken Sie möglichst luftdicht in einem Frischhaltebeutel. Im Gemüsefach des Kühlschranks oder in der Speisekammer hält er sich mehrere Wochen.

UNGARISCHES PILZGULASCH

Zutaten für 2 Portionen

500 g Pilze nach Saison und Geschmack (z. B. Wildpilze, Champignons, Pfifferlinge)
1 kleine Zwiebel
1 Knoblauchzehe
½ Paprikaschote
1 mittelgroße Tomate
3 EL neutrales Öl
300 ml Wasser
1 TL Speisestärke
1 EL Schmand
1 TL Paprikapulver
1 Prise Kümmel, gemahlen
½ TL Majoran
1 kleines Bund Petersilie
Salz, Pfeffer

Zubereitung (ca. 30 Minuten)

1 Pilze putzen und klein schneiden. Zwiebel und Knoblauchzehe häuten und fein würfeln, Paprika würfeln. Tomate vierteln und Haut abziehen, Fruchtfleisch in Stücke schneiden.

2 Eine große Pfanne erhitzen und die Pilze in drei Portionen nacheinander scharf anbraten. Anschließend in eine Schüssel geben und beiseite stellen.

3 Pfannenhitze reduzieren, Zwiebel- und Paprikawürfel ca. 3 Minuten andünsten. 50 ml Wasser zugeben und bei mittlerer Hitze 5 Minuten braten, bis das Wasser verdunstet ist.

4 Knoblauch- und Tomatenstückchen zur Zwiebelmischung geben, etwa 2 Minuten dünsten, mit 100 ml Wasser auffüllen und wieder verdunsten lassen.

5 Die angebratenen Pilze dazugeben und mit dem Paprikapulver, Kümmel, Majoran, Salz und Pfeffer würzen. Die letzten 150 ml Wasser angießen und bei geringer Hitze 5 Minuten schmoren lassen. Wenn die Sauce zu reduzieren beginnt, Schmand und Stärke verrühren, untermischen und einige Minuten köcheln lassen. Anschließend servieren.

Tipp

Als Beilagen sind Spätzle, Reis oder Nudeln sowie Gurkensalat geeignet, abgerundet mit einem kräftigen ungarischen Rotwein.

VEGETARISCHE LASAGNE
(FÜR DEN OMNIA-BACKOFEN)

Zutaten für 4 Portionen

200 g frische Lasagneplatten

400 g Tomatenstücke

200 g TK-Blattspinat

300 g Mozzarella

50 g geriebener Käse

2 eingelegte, gegrillte Paprika

90 g getrocknete rote Linsen

1 EL Oliven- oder Rapsöl

1 gelbe Zwiebel

2 Knoblauchzehen

500 ml Wasser

2 TL Gemüsebrühe

1 EL Basilikum

Salz, Pfeffer

Zubereitung (ca. 50 Minuten)

1 Zwiebel und Knoblauch fein hacken. Eingelegte Paprika in dünne Streifen schneiden. Den Blattspinat auftauen. In einer Pfanne mit Öl erhitzen. Zwiebel und Knoblauch dünsten.

2 Paprikastreifen untermischen und kurz dünsten. Getrocknete Linsen in die Pfanne geben und umrühren. Tomatenstücke, Wasser und Brühe unterrühren. Mit Basilikum, Salz und Pfeffer würzen. Alles bei niedriger Temperatur ca. 10 Minuten köcheln lassen.

3 Aus dem aufgetauten Spinat die Flüssigkeit ausdrücken, den Spinat zur Sauce geben. Kurz köcheln lassen, salzen und pfeffern. Ist die Sauce zu dick, etwas Wasser unterrühren.

4 Mozzarella in dünne Scheiben schneiden. Einen Teil der Tomatensauce in die eingefettete Omnia-Form geben, darüber Lasagneplatten. Tomatensauce, Mozzarella und Lasagne abwechselnd schichten, mit Tomatensauce abschließen, mit Käse bestreuen.

5 Bei mittlerer Hitze 20 bis 25 Minuten, bei trockener Lasagne 35 bis 40 Minuten backen.

Tipp

Zur Lasagne passt ein Rotwein mit mittlerem Körper.

WURZELGEMÜSEGRATIN MIT PFIFFERLINGEN

Zutaten für 2 Portionen

1 kleine Kartoffel (ca. 70 g)

1 Stück Süßkartoffel (ca. 70 g)

1 kleine Karotte (ca. 50 g)

1 kleine Pastinake (ca. 50 g)

40 g Stangenlauch

250 ml Sahne

3 Knoblauchzehen

160 g Pfifferlinge

50 g geriebener Käse

Kräutersalz, Pfeffer

Rosmarinnadeln

Butter zum Braten

Zubereitung (ca. 70 Minuten)

1 Den Knoblauch zerdrücken und hacken.

2 Den Lauch in Butter braten, gegen Ende den Knoblauch zugeben.

3 Das in Scheiben geschnittene Wurzelgemüse dachziegelartig in eine tiefe Auflaufform schichten. Den gebratenen Lauch, die in Scheiben geschnittenen Pilze und etwas Rosmarin zwischen die Schichten streuen. Mit Kräutersalz würzen.

4 Die Sahne auf das Gericht geben, pfeffern und zum Schluss mit dem Käse bestreuen.

5 Das Gratin etwa 1 Stunde backen.

TIPP

Das gratinierte Wurzelgemüse ist als Beilage eine passende Ergänzung zu allen gegrillten Speisen. Als Hauptmahlzeit lässt es sich mit frischem Blattsalat kombinieren. Als flüssiger Begleiter ist trockener Weißwein zu empfehlen.

ZIEGENKÄSEBURGER

Zutaten für 2 Portionen

2 weiche Brötchen
300 g Rinderhack
100 g Ziegenkäse
1 Zwiebel, 1 Tomate
mehrere Salatblätter

1 rote getrocknete Chilischote
2 EL Senf
4 EL Honig
Salz, Pfeffer
Öl zum Braten

Zubereitung (ca. 20 Minuten)

1 Zwei Scheiben Zwiebeln und eine Chilischote fein hacken und die Würzmischung zum Hackfleisch geben. Gut vermischen und mit Salz und Pfeffer würzen. Abdecken und an einem kühlen Ort ziehen lassen.

2 Tomate und Käse in dünne Scheiben schneiden. Einen Teil des Käses in kleine Stücke aufteilen. Zum Bestreichen der Brötchen Senf mit 2 EL des Honigs mischen.

3 Restliche Zwiebel in Streifen schneiden, mit den übrigen 2 EL Honig goldgelb anbraten.

4 Das Fleisch zu Patties formen und etwa 5 Minuten in der Pfanne oder auf dem Grill braten und die mit Öl bestrichenen Brötchen auf den Rost im Ofen legen, bis sie leicht gebräunt sind. Ganz am Ende der Garzeit jeweils eine Scheibe Käse auf die Patties legen und anschmelzen lassen.

5 Das Fleisch aus der Pfanne bzw. vom Grill nehmen und die Brötchen unten und oben mit der Honig-Senf-Sauce bestreichen und den Burger zusammensetzen.

Tipp

Sie können die Burger einzeln, mit Kartoffelecken aus dem Ofen und/oder Salat servieren.

GEPFEFFERTER WILDLACHS

Zutaten für 2 Portionen

2 Wildlachsfilets à ca. 180 g
1 TL rosa Pfefferbeeren
1 TL schwarze Pfefferkörner
1 Bio-Zitrone

1 Knoblauchzehe
2 TL Butter
1 kleines Bund Petersilie
Meersalz

Zubereitung (ca. 25 Minuten)

1 Petersilie waschen, trocken schütteln und Blättchen hacken. Knoblauch schälen und in dünne Scheiben schneiden.

2 Rosa Pfefferbeeren und schwarze Pfefferkörner zerstoßen. Zitrone halbieren, den Saft einer Hälfte auspressen, die andere Hälfte in 4 Spalten schneiden.

3 Den Fisch waschen, trocken tupfen und mit Salz würzen. Je 1 Wildlachsfilet mit einem halben Bund Petersilie, ein paar Knoblauchscheiben, rosa und schwarzem Pfeffer, 1 TL Butter, etwas Zitronensaft und 2 Zitronenspalten in Alufolie wickeln.

4 Fischpäckchen auf dem heißen Grill bei niedriger Temperatur ca. 15 Minuten grillen.

Tipp

Als Beilage empfehlen sich z. B. Petersilienkartoffeln und ein frischer Blattsalat. Dazu passt ein charaktervoller Weißwein oder Rosé.

HÜFTSTEAKS MIT GRÜNEM SPARGEL

Zutaten für 2 Portionen

2 Hüftsteaks à 180 g
500 g grüner Spargel
1 EL rote Pfefferkörner
1 kleine Zwiebel
30 ml Rotweinessig

50 g Preiselbeeren
Öl zum Braten
Salz, Pfeffer, Zucker
Alufolie

Zubereitung (ca. 45 Minuten)

1 Spargel waschen, schälen, die holzigen Enden abschneiden. In eine Pfanne legen, Pfefferkörner hineingeben und in Öl kurz anbraten. Mit Salz, Pfeffer und einer Prise Zucker würzen. Dann den Spargel aus der Pfanne nehmen und in Alufolie einwickeln.

2 Die Zwiebel schälen und fein würfeln. Fleisch trocken tupfen, mit Salz würzen. Öl in einer Pfanne erhitzen. Steaks darin je nach Geschmack 2 bis 3 Minuten von jeder Seite braten. Aus der Pfanne nehmen, mit Pfeffer würzen, in Alufolie wickeln und ruhen lassen.

3 Feingehackte Zwiebel im Bratfett kurz andünsten. Mit Essig ablöschen, Preiselbeeren unterrühren und aufkochen. Mit Salz und Pfeffer abschmecken. Spargel und Steaks mit der Sauce anrichten.

Tipp

Als Beilage passen Salzkartoffeln und ein frischer, fruchtiger und gut gekühlter Rosé.

HÄHNCHENSPIESSE AUF GEMÜSECOUSCOUS

Zutaten für 2 Portionen

2 Hähnchenbrustfilets à 180 g

2 Knoblauchzehen

75 g Brokkoli

50 g TK-Erbsen

100 g Couscous

200 ml Gemüsebrühe

1 mittelgroße Karotte

1 Schalotte

1 rote Paprika

1 kleine Peperoni

1 TL Ras-el-hanout (Gewürz)

1 TL Currypulver

1 Prise Meersalz

4 EL Olivenöl

Pfeffer, Minze, Basilikum

Zubereitung (ca. 45 Minuten)

1 Hähnchenbrustfilets waschen, trocken tupfen, in 4 Teile schneiden und aufspießen.

2 In einer Pfanne mit 2 EL Olivenöl die Spieße bei mittlerer Hitze pro Seite etwa 5 Minuten braten. Danach in der Pfanne bei 140 °C rund 15 Minuten in den Ofen geben.

3 Schalotte und Knoblauchzehen schälen und klein hacken. Brokkoli in Röschen teilen. Paprika und Peperoni entkernen und klein schneiden. Karotte schälen und zerkleinern.

4 Karotte, Schalotte und Knoblauch mit 2 EL Öl 5 Minuten braten, Paprika, Peperoni und Brokkoli zugeben, weitere 5 Minuten braten. Erbsen und Curry hineingeben. Salzen und pfeffern. Brühe zugießen und ca. 3 Minuten köcheln lassen. Couscous einstreuen, gut umrühren und kurz aufkochen lassen.

5 Den Herd ausschalten und das Couscous zugedeckt weitere 5 Minuten quellen lassen. Minze und Basilikum waschen, trocken schütteln und grob hacken.

6 Das Couscous noch einmal gut durchrühren, mit den Kräutern bestreuen, die Hähnchenbrustfilets aus dem Ofen nehmen und auf dem Couscous platzieren.

Tipp

Dazu passt ein frischer, trockener Weißwein.

KÜRBIS-KOKOS-CURRY MIT CHILIREIS

Zutaten für 2 Portionen

200 g Hokkaido-Kürbis
250 ml Kokosmilch
120 g Jasminreis
20 ml gelbe Currypaste
10 g Butter

1 halbe grüne Paprika
1 Knoblauchzehe
1 Frühlingszwiebel
1 rote Chilischote
4 g Gemüsebrühe, gekörnt

Zubereitung (ca. 30 Minuten)

1 Den Kürbis schälen und in Würfel schneiden, die Paprika in Streifen schneiden.

2 Den Jasminreis in einem Sieb mit kaltem Wasser so lange abspülen, bis das Wasser klar hindurchfließt. In einen kleinen Topf Wasser kochen und leicht salzen. Den Reis hineinrühren und bei niedriger Hitze ca. 10 Minuten abgedeckt köcheln lassen. Dann den Topf vom Herd nehmen und mindestens 10 Minuten abgedeckt ziehen lassen.

3 Knoblauchzehe abziehen und Frühlingszwiebel in feine Ringe schneiden. Kürbis und Zwiebel mit dem Knoblauch in einer Pfanne rund 3 Minuten anbraten.

4 Hitze reduzieren und den Pfanneninhalt mit Kokosmilch, Gemüsebrühe, Currypaste und etwas Wasser ablöschen. Curry offen 10 bis 12 Minuten kochen lassen, bis die Sauce sämig und der Kürbis weich ist. Mit Salz und Pfeffer abschmecken.

5 Die Chilischote halbieren, Kerne entfernen und die Hälften in dünne Streifen schneiden. Nach der Kochzeit den Reis mit einer Gabel etwas auflockern und Butter und Chilistreifen nach Geschmack unterheben. Curry und Chilireis auf tiefen Tellern anrichten.

Tipp

Wem das Gericht zu scharf geworden ist, kann den Gaumen mit Weißbrot beruhigen.

MOUSSAKA ÄGYPTISCHER ART

Zutaten für 2 Portionen

1 große Aubergine	2 Zwiebeln
2 rote Paprika	150 g geriebener Käse
1 große Zucchini	600 g Rinderhack
1 Dose Tomaten	4 bis 5 EL Öl
3 EL Tomatenmark	Salz, Pfeffer, Paprikapulver, Chili

Zubereitung (ca. 135 Minuten)

1 Gemüse und eine Zwiebel in kleine Stücke schneiden und in Olivenöl andünsten. Tomatenmark und ein wenig vom Tomatensud der Dosentomaten hinzufügen. Mit diversen Gewürzen kräftig würzen. Etwa eine halbe Stunde köcheln lassen.

2 Das Hackfleisch andünsten. Zweite Zwiebel hacken und hinzufügen. Wieder mit Gewürzen abschmecken. Erneut etwa eine halbe Stunde köcheln lassen.

3 Eine Auflaufform oder eine Eisenpfanne einfetten und abwechselnd mit Hackfleisch, Gemüse und geriebenem Käse beschichten. Abgedeckt ca. eine dreiviertel Stunde bei ca. 200 °C im Ofen überbacken.

Tipp
Dazu passt Fladenbrot und ein kräftiger Rotwein.

SOMMERSALAT MIT RIESEN-GARNELEN UND NEKTARINEN

Zutaten für 2 Portionen

Blattsalat nach Geschmack
200 g Riesengarnelen (geschält)
2 reife Nektarinen
1 Bio-Limette

2 Knoblauchzehen
2 kleine Zweige Rosmarin
Olivenöl, Balsamico-Essig
Salz, Pfeffer

Zubereitung (ca. 20 Minuten)

1 Den Salat gründlich waschen und in kleine Stücke zupfen.

2 Die Garnelen schälen und mit einem scharfen Messer vorsichtig den Rücken aufritzen. Den Darm herausziehen und die Garnelen mit kaltem Wasser waschen.

3 Knoblauch und Gewürze klein hacken und mit Olivenöl in einer Schüssel gut mischen. Mit Salz, Pfeffer und Limettensaft abschmecken.

4 Garnelen üppig mit der Marinade benetzen, etwa 10 Minuten zugedeckt ziehen lassen. In der Zwischenzeit die Nektarinen in dünne Scheiben oder Streifen schneiden.

5 Den Grill kurz vorheizen, eine Fettpfanne daraufstellen und die marinierten Garnelen anbraten, bis sie leicht orange aussehen. Mit einem Löffel herunternehmen, beiseite stellen.

6 Die Bratenflüssigkeit in der Fettpfanne mit Balsamico-Essig ablöschen und kurz aufkochen lassen. Mit Salz, Pfeffer und Limettensaft abschmecken und abkühlen lassen.

7 Das Dressing gleichmäßig über den Salat verteilen, kurz durchmengen und mit den Nektarinen und den Riesengarnelen bedecken.

Tipp

Dazu passen geröstetes Brot (z. B. Baguettescheiben) und ein fruchtiger Weißwein.

SPAGHETTI MIT TRÜFFEL UND PARMESAN

Zutaten für 2 Portionen

300 g Spaghetti
50 g schwarzer Trüffel (frisch)
60 g Parmesan
75 g Pinienkerne
2 kleine Schalotten

1 Knoblauchzehe
Trüffelsauce (Salsa Tartufata)
4 EL Olivenöl
Salz, Pfeffer
Basilikum oder Petersilie (frisch)

Zubereitung (ca. 20 Minuten)

1 Die Spaghetti je nach Packungsanweisung in einem großen Topf mit reichlich Wasser bissfest kochen (10 bis 12 Minuten).

2 Pinienkerne in der Pfanne rösten. Die Schalotten und den Knoblauch fein hacken und mit Olivenöl in der Pfanne glasig dünsten. Die klassische Salsa Tartufata aus schwarzen Trüffeln, Oliven und Champignons dazugeben und unterrühren.

3 Das Kochwasser der Spaghetti abgießen und die garen Nudeln gut abtropfen lassen. Anschließend mit in die Pfanne geben, alles gut vermengen und mit Salz, Pfeffer und Parmesan abschmecken.

4 Spaghetti auf dem Teller anrichten und den frischen Trüffel darüber hobeln. Bei Bedarf mit frischer Petersilie oder Basilikum garnieren.

Tipp

Zu den Trüffel-Spaghetti passen frischer grüner Blattsalat mit Kirschtomaten und ein edler, ausdrucksstarker Rotwein, z. B. aus der Nebbiolo-Traube, wie Barolo oder Barbaresco.

WARMER ROSENKOHLSALAT MIT QUINOA, CRANBERRIES UND ZEDERNÜSSEN

Zutaten für 2 Portionen

300 g Rosenkohl
150 g frische Cranberries
100 g Zedernüsse

2 EL Olivenöl
1 TL feines Salz
Kräuter nach Geschmack

Zubereitung (ca. 25 Minuten)

1 Den Backofen auf 180 °C vorheizen. Den Rosenkohl putzen und die Röschen halbieren. In einer Schüssel mit einem Schuss Olivenöl und Salz sorgfältig vermischen.

2 In einer heißen Pfanne den Rosenkohl mit der Schnittfläche nach unten rund 3 Minuten in Olivenöl rösten, bis er gebräunt ist. Den Rosenkohl in eine Auflaufform geben und ca. 10 Minuten im Ofen backen.

3 Die Canberries waschen, abtropfen lassen, mit in die Auflaufform geben und weitere ca. 5 Minuten backen. Die Form aus dem Ofen holen und kurz abkühlen lassen.

4 Die Zedernüsse zerkleinern, in einer Pfanne anrösten und über den Auflauf streuen. Den warmen Salat portionsweise in Schüsseln servieren.

Tipp

Dazu schmecken Fetakäse auf rustikalem Brot und ein kräftiger Rotwein.

REGISTER

Bildnachweis

Adobe Stock

Andrey Armyagov 6; norikko 10/11; bidaya 14; Freedomz 15; Enrico 16/17; HildaWeges 20/21; salman2 24; dulsita 30; artshotphoto 31 o.; Thomas 31 u.; ravital 32; aneduard 33; S.White 34 l.; Oleksandr Dorokhov 34 r.; New Africa 35; Voyagerix 36, 37 u.; anetlanda 37 o.; luckybusiness 44/45

Shutterstock

Umschlag: U1: Andrey Armyagov, New Africa, norikko, Rawpixel.com **U4:** nelea33; Shaiith; Vankad
Innenseiten: Hakan Eliacik 5; ravipat 8/9; Valdis Skudre 12; Andrey Armyagov 13, 17/18; Lucky Business 22/23; photoschmidt 25; ABC Photo 26/27; Barbara Milavec 28/29; kosmos111 38; Livchak Vera 39; Tramp57 40 l.; RUM-photo 40 r.; Oksana Shufrych 41 o.; Jens Teichmann 41 u.; hadasit 42 o.; mirjana ristic damjanovic 42 u.; stockcreations 43 o., 43 u.; yul38885 46; Vera Petrunina 47; nadianb 48/49; Maya Shustov 50/51; Anna Shepulova 52; Vitalina Rybakova 55; Blanca J 56; Lioneska 59; AS Food studio 60, 90; freeskyline 63; MariaKovaleva 64, 101; Eduard Nasyrov 67; Slawomir Fajer 68; vkuslandia 71; DronG 72, 98; VICUSCHKA 75; nelea33 76/77; zi3000 78; Di27 81; photo-oasis 82; Vankad 85; Dar1930 86; Shaiith 89; Stepanek Photography 93; hlphoto 94; Shebeko 97, 128; Elena Eryomenko 102/103, 113; Jacek Chabraszewski 105; Lapina Maria 106; Vladislav Noseek 109; Setorres 110; larik_malasha 114; valkyrielynn 117; Olha Afanasieva 118; Bartosz Luczak 121; Valentyn Volkov 122; KatarinaVe 124/125; IngridHS 127; juefraphoto 131; homelesscuisine 132; Dina Saeed 135; Josie Grant 136; carpe89 139; Nina Firsova